학기별 계획표 (3학년용)

*2022 개정 교육과정

	책 목차	학교 교과서 단원
1학기		
1주차	내 가방이 무겁게 느껴지는 이유	1. 힘과 우리 생활
2주차	계란과 감자 중 어느 것이 더 무거울까?	
3주차	옛날에는 거대한 고인돌을 어떻게 옮겼을까?	
4주차	스스로를 지킬 줄 아는 동물이 있다?	2. 동물의 생활
5주차	5만 년 전에 살던 아기 매머드가 찾아왔다?	
6주차	선인장과 동물은 사막에서 어떻게 살까?	
7주차	크리스마스트리로 플라스틱을 쓴다?	3. 식물의 생활
8주차	늪은 그냥 진흙탕이 아니야	
9주차	딱 일 년만 사는 곤충으로 옷을 만든다?	4. 생물의 한살이
10주차	이것만 알면 프로 식집사가 될 수 있다?	
2학기		
11주차	손만 대면 몽땅 금으로 바꿀 수 있다?	1. 물체와 물질
12주차	눈송이가 다 똑같이 생겼다고 생각한다면 오해!	
13주차	외계인에게 지구를 어떻게 소개할까?	2. 지구와 바다
14주차	바다에서 살아남으려면 무엇을 피해야 할까?	
15주차	갯벌이 지구 온난화를 해결한다?	
16주차	왜 사람마다 목소리가 서로 다를까?	3. 소리의 성질
17주차	우주에서는 대화를 주고받을 수 없다?	
18주차	감염병의 확산을 막아낸 과학자를 소개합니다	4. 감염병과 건강한 생활

교과서가 술술 읽히는

3학년용

시미쌤의
초등 과학 문해력

정혜심(시미쌤) 글 | 안지선 그림

길벗스쿨

시미쌤의 초등 과학 문해력 (3학년용)

초판 발행 · 2025년 3월 20일

지은이 · 정혜심
발행인 · 이종원
발행처 · 길벗스쿨
출판사 등록일 · 1990년 12월 24일
주소 · 서울시 마포구 월드컵로 10길 56(서교동)
대표전화 · 02)332-0931 | **팩스** · 02)323-0586
홈페이지 · www.gilbutschool.co.kr | **이메일** · gilbut@gilbut.co.kr

기획 및 책임 편집 · 김윤지(yunjikim@gilbut.co.kr)
디자인 · 장기춘 | **제작** · 이준호, 손일순, 이진혁
마케팅 · 양정길, 이지민 | **영업유통** · 진창섭 | **영업관리** · 정경화 | **독자지원** · 윤정아

본문 삽화 · 안지선 | **교정교열** · 황진주 | **전산 편집** · 도설아
출력 · **인쇄** · **제본** · 상지사

- 잘못된 책은 구입한 서점에서 바꿔 드립니다.
- 이 책에 저작권법의 보호를 받는 저작물로 실린 모든 내용, 디자인, 이미지, 편집 구성의 저작권은 길벗스쿨과 지은이에게 있습니다. 허락 없이 복제하거나 다른 매체에 옮겨 실을 수 없습니다.
- 인공지능(AI) 기술 또는 시스템을 훈련하기 위해 이 책의 전체 내용은 물론 일부 문장도 사용하는 것을 금합니다.

ⓒ 정혜심, 2025

ISBN 979-11-6406-891-3 73400
(길벗 도서번호 600012)

정가 15,000원

독자의 1초까지 아껴주는 정성 길벗출판사

길벗스쿨 | 국어학습서, 수학학습서, 영어학습서, 유아동 단행본
(주)도서출판 길벗 | IT단행본, 성인어학, 교과서, 수험서, 경제경영, 교양, 자녀교육, 취미실용

머리말

요즘 아이들이 글을 읽고 이해하는 데 어려움을 겪는다는 이야기를 자주 듣습니다. 단순히 단어의 뜻을 모르는 것을 넘어서, 문맥을 파악하거나 글의 핵심을 이해하지 못하는 경우가 많아졌습니다. 아이들의 문해력 부족은 학습뿐만 아니라 세상을 이해하고 자신의 생각을 표현하는 데도 큰 장애가 됩니다.

초등학교 3~4학년 아이들에게 가장 필요한 것은 자신의 생각을 논리적으로 표현할 수 있는 능력입니다. 이 시기의 아이들은 생각과 느낌을 주관적으로 적는 일기 쓰기에서 벗어나 배운 지식을 바탕으로 자신의 주장을 설득력 있게 펼쳐야 하는 보고서나 설명문을 쓰기 시작합니다. 예를 들어 '기린이 긴 목을 갖게 된 이유'라는 주제로 글을 쓴다면 과학 수업에서 배운 내용을 활용해 '기린은 높은 나무에 달린 잎을 먹기 위해 긴 목을 갖게 되었고, 이는 자연 선택의 결과이다'라는 논리를 글 안에 자연스럽게 녹여낼 수 있어야 합니다.

==문해력과 사고력을 기르기에 가장 좋은 교재는 바로 교과서==라는 생각으로 《시미쌤의 초등 과학 문해력》을 집필하였습니다. 과학 교과서의 내용을 바탕으로 이야기 형식의 글을 제공하고, 감상이나 주관적 의견과 함께 데이터와 근거를 활용한 글쓰기를 배울 수 있도록 구성했습니다. 글쓰기 활동은 각 학년의 수준에 맞게 설계되었으며, 과학적 사고와 논리력을 기르는 데 초점을 맞추었습니다. 이 교재를 통해 아이들이 문해력과 글쓰기 실력을 키우고, 자신 있게 세상과 소통하는 멋진 아이로 자라나길 바랍니다.

저자 정혜심 (시미쌤)

이렇게 활용하면 좋아요

과학 이야기를 읽으면서 생각을 열어요.

이야기에 나오는 핵심 개념을 이해해요.

앞에서 읽은 내용을 한 번 더 확인하면서 핵심 어휘와 배경 지식을 내 것으로 만들어요.

제시된 형식에 맞게 내 생각을 글로 써요.

정답과 모범 답안은 120쪽 부록을 참고하세요.

학부모님을 위한 책 소개

Q 과학 글쓰기란 무엇인가요?

오늘날 우리는 생성형 인공지능 시대에 살고 있습니다. 인공지능을 이용해 편지, 보고서를 쓰거나 심지어 사진, 그림까지 생성할 수 있죠. 이처럼 인공지능이 정보를 빠르게 생성하고 가공해 주는 환경에서 단순히 지식을 많이 아는 것만으로는 경쟁력을 갖추기 어렵습니다. 이제는 스스로 생각하고, 그 생각을 창의적으로 표현할 수 있는 능력이 무엇보다 중요합니다.

과학 글쓰기는 아이들이 과학적 개념을 쉽게 이해하고 이를 자기만의 언어로 명확하게 표현하는 능력을 키우는 과정입니다. 단순히 과학 지식을 배우는 데 그치지 않고 비판적으로 생각하고 분석하며, 효과적으로 의사소통하는 능력도 함께 기를 수 있습니다. 꾸준히 과학 글쓰기를 한 아이들은 복잡한 과학 개념을 명확히 설명할 수 있을 뿐만 아니라 수학, 사회, 역사 등 다양한 과목에서도 어려운 내용을 쉽게 이해하고 학습합니다. 이렇게 쌓인 사고력과 표현력은 자연스럽게 문해력 향상으로 이어집니다.

아이가 교과서 내용을 단순히 외우는 것에 그치지 않고, 배운 내용을 글로 정리하고 표현하는 과정은 아주 독보적인 경험입니다. 특히 인공지능이 정답을 빠르게 제공하는 시대일수록 아이 스스로 새로운 아이디어와 관점을 만들어내는 경험이 필요합니다.

이 책은 2022 개정 교육과정 3학년 과학 교과서를 철저히 분석하여, 아이들이 초등 과학의 핵심 개념을 자연스럽게 익히고 이를 글로 정리하여 표현하도록 구성하였습니다. 단순한 지식 암기를 넘어 글을 통해 개념을 스스로 소화하고 자신의 생각을 발전시킬 수 있습니다. 이러한 경험은 창의적 사고와 문제 해결 능력을 키우는 데 큰 도움이 될 것입니다.

Q 과학 글쓰기가 학습에 정말 효과적인가요?

예를 들어 '날씨가 변하는 이유'라는 주제를 학습한다고 떠올려 봅시다. 만약 아이가 교과서에서 배운 온도, 습도, 기압 같은 개념을 외우는 데 그친다면, 이 지식은 금세 잊히기 쉽습니다. 하지만 같은 주제를 글로 정리하면 아이가 "오늘은 구름이 많으니까 비가 올 것 같아"와 같이 일상 속에서 관찰한 사실과 배운 내용을 연결지어 학습하고 설명하는 데 도움이 됩니다. "왜 구름이 많을 때 비가 올까?"라는 새로운 질문을 스스로 떠올릴 수도 있습니다.

식물의 성장 과정을 배울 때도 마찬가지입니다. 씨앗, 싹, 꽃 등의 성장 단계를 단순히 외우는 대신에 "왜 햇빛을 많이 받은 화분이 더 빨리 자랄까?"라는 질문을 스스로 던지고 글로 정리하면 더 깊이 있는 학습이 이루어집니다. ==과학 개념을 자기만의 언어로 소화하는 경험은 수업 시간에 배운 내용을 오래 기억하고 적극적으로 활용하는 데 큰 도움이 됩니다.== 단순히 수업을 듣는 것보다 배운 내용을 나만의 시각으로 풀어내는 글쓰기가 학습에 훨씬 효과적입니다.

Q 과학 글쓰기가 입시에도 도움이 되나요?

글쓰기 능력은 고학년으로 갈수록, 특히 입시를 준비하는 과정에서 더욱 중요한 역할을 합니다. 대입에서 실시하는 학생부종합전형(학종)은 단순히 학생의 시험 성적만 보는 것이 아니라, 다양한 경험과 사고력, 표현력을 평가하기 때문에 글쓰기 능력이 필수적입니다.

1. 세부능력 및 특기사항(세특)의 강점이 될 수 있어요

세부능력 및 특기사항(세특)은 교사가 수업 시간이나 학교 활동 중에 학생이 보인 성취와 특징을 기록하는 학교생활기록부의 한 항목입니다. 쉽게 말해, 교사가 학생의 장점과 성과를 공식적으로 기록한 문서인 셈이죠. 예를 들어, 글쓰기 능력이 뛰어난 학생은 과학 실험 보고서나 발표 활동에서 자신의 생각과 결과를 논리적이고 체계적으로 표현합니다. 이러한 학생은 교사의 눈에 띄기 마련이며, 교사가 학생의 성취를 긍정적으로 평가해 세특에 구체적이고 명확하게 기록하는 데 유리합니다. 이런 과정이 누적되면, 학생의 세특은 대입에서 높은 평가를 받을 수 있는 강력한 자료가 됩니다.

2. 면접에서 자신감이 생겨요

글쓰기 능력을 통해 생각을 논리적으로 정리하는 연습을 한 학생이 면접에서도 빛을 발합니다. 글쓰기를 통해 키운 사고력과 표현력은 말로도 자연스럽게 이어져 면접에서 자신의 견해를 자신감 있게 전달할 수 있습니다. 예를 들어, 한 학생이 사회 수업에서 시사에 대해 글을 쓰며 논리적으로 사고해 본 경험은 대입 면접에서 시사 문제에 대해 설득력 있는 답변을 하는 데 큰 도움이 됩니다.

3. 다양한 교내 활동으로 확장할 수 있어요

글쓰기 능력은 동아리 활동, 교내 신문 기자, 프로젝트 발표 등 다양한 교내 활동에서도 많은 기회를 얻고 두각을 드러 낼 수 있게 도와줍니다. 예를 들어, 교내 신문 기자 동아리에 참여한 학생은 기사 작성과 인터뷰 기술을 익히면서 교내외 활동에 적극적으로 참여할 것입니다. 그리고 학생부에서 단순히 출석 확인에 그치지 않고 얼마나 주도적이고 성실하게 자신의 역할을 수행했는지를 보여주기에 적합합니다.

초등 시기는 문해력과 사고력을 키우기에 가장 적절한 시기입니다. 이 시기에 글쓰기 연습을 꾸준히 하면, 스스로 문제를 해결하고 생각을 정리해 표현하는 능력을 키울 수 있습니다. 이런 역량은 중·고등학교에서 학업뿐만 아니라, 대입을 준비하는 과정에서도 큰 도움이 됩니다.

책을 두 배 알차게 활용하는 꿀팁

Step 1 글쓰기를 어려워 하는 아이, 이렇게 도와주세요!

의외로 많은 아이들이 글쓰기를 어려워하고 부담스러워합니다. '어떻게 시작해야 할지 모르겠어.', '내 글이 틀리면 어떡하지?'라는 생각에 쉽게 주눅들기도 합니다. 그래서 무엇보다 아이들이 부담 없이 글쓰기를 시작할 수 있도록 돕는 것이 중요합니다.

우선 과학 이야기를 읽고 이해한 후에 글쓰기를 시작하도록 도와주세요. 아이가 내용을 충분히 이해한 후에 글을 쓰면 훨씬 부담이 줄고, 자기 생각을 자연스럽게 표현할 수 있습니다. 그래도 글쓰기를 어려워한다면, 부록에서 제공하는 모범 답안을 참고하는 것도 좋은 방법입니다. 이때 아이가 모범 답안을 정답으로 여기지 않도록 하는 것이 중요합니다. 아이와 함께 모범 답안을 보면서 "다른 사람은 이렇게 생각했는데, 너는 어떻게 생각해?"라고 자연스럽게 물어보세요. 그러면 아이가 스스로의 생각을 자유롭게 표현하는 데 도움이 됩니다.

Step 2 글쓰기를 즐거운 경험으로 만들어 주세요!

글쓰기를 좋아하는 아이들조차 모범 답안과 내가 쓴 글이 다를 때 불안해 하거나, 정답 찾기에만 열중할 수 있습니다. '내 글이 틀린 건 아닐까?'라고 걱정하지 않도록, 글쓰기는 정답이 없는 활동이라는 점을 강조해 주세요. 모범 답안은 참고 자료일 뿐이라는 점을 설명하고, 다양한 표현과 생각을 자유롭게 펼칠 수 있도록 격려해 주세요. 그리고 "다른 사람의 생각을 참고하여 너는 어떻게 생각하는지 적어 볼까?"라는 질문을 통해 아이가 자신의 생각을 스스로 표현하는 경험을 쌓게 해 주세요.

모범 답안과 다른 글을 써도 칭찬을 받는다면 아이는 글쓰기를 더 즐거운 경험으로 받아들일 것입니다. "정말 멋진 아이디어구나!"와 같은 긍정적인 피드백은 아이의 자신감을 키워 줄 뿐만 아니라 사고의 영역을 확장시키고 창의적인 생각으로 발전시키는 밑거름이 됩니다.

Step 3 아이마다 다른 글쓰기 정서를 공감해 주세요!

글쓰기에 대한 정서는 글쓰기를 통해 재미를 느끼고 자신감을 얻으며 생각을 표현하며 느끼는 만족감입니다. 특히, 과학 글쓰기는 과학 지식을 나만의 언어로 정리하고 표현하는 활동이기 때문에 아이의 특성에 맞는 세심한 지도가 필요합니다. 무엇보다도 아이를 가장 잘 아는 사람인 주양육자(부모님, 조부모님, 선생님)의 역할이 매우 중요합니다.

아이의 수준에 맞게 단계별로 글쓰기를 진행하는 것이 좋습니다. 글쓰기가 낯선 아이라면 모범 답안을 자유롭게 활용하며 생각의 틀을 잡아가는 연습이 필요합니다. 반대로, 글쓰기에 어느 정도 익숙한 아이라면 모범 답안을 참고하지 않아도 괜찮습니다. 아이가 글쓰기를 통해 자신의 생각을 표현하고 발전시키는 경험을 하는 것이 제일 중요합니다.

	📖 글쓰기가 낯선 아이	✏️ 글쓰기가 편안한 아이
이 단계에서 가장 바라는 점	**구조 익히기** 글쓰기의 구조를 익히고, 점차 혼자서 글을 쓸 수 있게 도와주세요.	**폭넓은 사고** 정답에 집착하지 않고 다양한 생각을 펼치도록 격려해 주세요.
도와주는 방법	**글 이해 돕기** 과학 이야기를 천천히 읽고 내용을 이해하도록 도와주세요.	**비교 불안 해소** 모범 답안과 자신의 글을 비교하며 기죽지 않게 해 주세요.
모범 답안 활용	**편안한 참고** 모범 답안을 편안하게 읽으며 다른 사람의 생각을 참고할 수 있도록 알려주세요.	**참고용 인식** 모범 답안은 참고용일 뿐이니, 정답이라고 여기지 않도록 알려주세요.
질문과 대화 유도	**사고 확장** 모범 답안을 읽고 난 뒤 "다른 사람은 어떻게 생각했을까?" 질문하며 자연스럽게 대화를 이어가세요.	**의견 탐색 유도** "네 생각은 어때?"라고 물으며 다양한 표현을 시도해 볼 수 있도록 도와주세요.
놓치지 말아야 할 점	**부담을 덜어주는 대화** "잘 쓰지 않아도 괜찮아"라는 말로 격려해 주세요.	**정답에 집착하지 않기** 글쓰기는 정답이 없음을 강조하며 자유롭게 표현하도록 도와주세요.
기대되는 변화	**자신감 형성** 작은 성공을 통해 글쓰기에 대한 두려움을 해소할 수 있어요.	**문제 해결력 강화** 다양한 주제에 대한 글을 쓰며 논리적 사고와 창의력이 발달합니다.

목차

머리말 ··· 03

이렇게 활용하면 좋아요 ··· 04

학부모님을 위한 책 소개 ··· 05

책을 두 배 알차게 활용하는 꿀팁 ··· 09

Part 1 | 3학년 1학기

1. 내 가방이 무겁게 느껴지는 이유 ··· 16
2. 계란과 감자 중 어느 것이 더 무거울까? ··· 22
3. 옛날에는 거대한 고인돌을 어떻게 옮겼을까? ··· 27
4. 스스로를 지킬 줄 아는 동물이 있다? ··· 32
5. 5만 년 전에 살던 아기 매머드가 찾아왔다? ··· 38
6. 선인장과 동물은 사막에서 어떻게 살까? ··· 44
7. 크리스마스트리로 플라스틱을 쓴다? ··· 50
8. 늪은 그냥 진흙탕이 아니야 ··· 57
9. 딱 일 년만 사는 곤충으로 옷을 만든다? ··· 63
10. 이것만 알면 프로 식집사가 될 수 있다? ··· 69

Part 2 | 3학년 2학기

11. 손만 대면 몽땅 금으로 바꿀 수 있다? ··· 78

⑫ 눈송이가 다 똑같이 생겼다고 생각한다면 오해! ··· 83

⑬ 외계인에게 지구를 어떻게 소개할까? ··· 88

⑭ 바다에서 살아남으려면 무엇을 피해야 할까? ··· 93

⑮ 갯벌이 지구 온난화를 해결한다? ··· 100

⑯ 왜 사람마다 목소리가 서로 다를까? ··· 105

⑰ 우주에서는 대화를 주고받을 수 없다? ··· 110

⑱ 감염병의 확산을 막아낸 과학자를 소개합니다 ··· 114

모범답안 및 교과 연계표 ··· 120

함께 공부할 친구들

다미

지구초등학교 3학년. 호기심이 많고 특히 과학 수업을 좋아해요.

예나

지구초등학교 3학년. 아는 것이 많고 새로운 지식을 친구들에게 설명하는 것을 좋아해요.

민서

지구초등학교 3학년. 말수는 적지만 자연 현상을 탐구하는 것을 좋아해요.

• 첫 번째 이야기 •

내 가방이 무겁게 느껴지는 이유

다미와 예나가 학교를 마치고 집으로 가고 있었어요. 보통은 즐겁게 이야기하며 걷지만, 오늘은 다미가 힘들어 보였어요. 새로 받은 교과서 때문에 가방이 너무 무거웠기 때문이에요.

"다미야, 너 어디 아파?"

예나가 물었어요.

"응, 가방이 너무 무거워서 어깨가 아파."

다미가 말했어요. 예나는 다미의 가방을 들어보며 말했어요.

"우와, 정말 무겁다. 같이 잠시 쉴까?"

다미는 고개를 끄덕이며 벤치에 앉았어요. 잠시 쉬다가 예나에게 물었어요.

"왜 무거운 가방은 들기 힘든 걸까?"

예나는 잠시 생각해 보았지만 정확한 답이 떠오르지 않았어요.

그날 저녁, 예나는 엄마와 함께 장을 보러 마트에 갔어요. 예나가 빈 카트를 밀며 이곳저곳에서 신나게 물건을 담았어요. 카트가 아주 쌩쌩 잘 밀렸기 때문이에요. 그런데 카트 안에 세제, 생수, 음료수, 과일 같이 무거운 물건들이 하나씩 쌓이자, 점점 카트를 밀기가 힘들어졌어요. 계산대 앞에서는 아무리 밀어도 카트가 움직이지 않을 정도였죠. 엄마가 낑낑대는 예나를 보며 웃으며 말씀하셨어요.

"이렇게 무거운 카트를 밀기에는 아직 예나의 힘이 부족해. 더 큰 힘이 필요하니 엄마가 도와줄게."

"네 엄마."

예나가 말했어요.

엄마와 힘을 합쳐 카트를 밀자 신기하게도 조금씩 움직이기 시작했어요. 집에 돌아온 예나가 다미에게 전화를 걸었어요.

"다미야, 오늘 엄마와 장을 보면서 깨달았어. 물건을 움직일 때는 '힘'이 필요한데, 무거운 물건일수록 더 큰 힘이 필요하다는 사실이야! 오늘 네 가방이 무거워서 힘들었던 것도 더 큰 힘이 필요했던 것이었어!"

"아 그랬구나. 그러면 내 힘이 더 세지거나 가방을 더 가볍게 해야겠네?"

다미가 웃으며 대답했어요.

"응, 맞아!"

그렇게 예나와 다미는 오늘의 경험을 통해 카트가 무거우면 왜 밀기 힘든지, 가방이 무거우면 왜 들기 힘든지를 이해했답니다.

• 탄탄하게 개념 잡기

힘: 물체를 움직이거나 멈추게 할 때 사용해요. 우리가 물건을 들어올리거나 밀거나 당기거나 던질 때 모두 힘이 필요해요. 예를 들어 가방을 들거나 문을 열 때, 그네를 밀어서 움직이게 할 때도 힘이 필요해요.

차근차근 문해력 쌓기

✦ 핵심 어휘 꼭꼭

일상생활에서 힘을 사용한 상황이라면 ○, 그렇지 않다면 X에 동그라미 표시해 보세요.

1. 손으로 문고리를 돌리니 문이 열렸습니다. (○ / X)
2. 손으로 그네를 밀었더니 앞으로 움직였습니다. (○ / X)
3. 한 손으로 수레를 당기니 움직이지 않는데, 양손으로 당기니 움직였습니다. (○ / X)

✦ 배경 지식 쑥쑥

더 큰 힘을 이용한 상황에 ○ 표시해 보세요.

1. 다미가 무거운 상자와 가벼운 상자를 각각 밀었습니다. 다미가 더 큰 힘을 사용한 상자는 어느 것일까요?

    (무거운 상자 / 가벼운 상자)

2. 예나가 무거운 책이 들어있는 수레와 빈 수레를 당겼습니다. 예나가 더 큰 힘을 사용한 수레는 어느 것일까요?

    (무거운 수레 / 빈 수레)

3. 민서가 교과서가 가득 들어있는 가방과 가벼운 물건만 들어있는 가방을 옮겼습니다. 민서가 더 큰 힘을 사용한 가방은 어느 것일까요?

    (교과서가 가득 찬 가방 / 가벼운 물건이 든 가방)

⭐ 도전! 글쓰기

예나는 하루 동안 힘을 사용했던 순간들을 생각하며 일기를 쓰려고 해요. 다미와 예나의 대화를 참고해서 예나의 일기를 함께 완성해 보세요.

🙂 **다미:** 아침에 이불을 갤 때 힘이 필요했어.

🙂 **예나:** 체육 시간에 공을 던질 때 힘이 필요했어. 점심시간에는 급식 쟁반을 들고 옮길 때 힘을 썼지.

☐ 년 ☐ 월 ☐ 일 ☀️ 🌤️ ☁️ ☂️ ❄️

학교를 마치고 집에 오는 길에 다미와 '힘'에 대한 이야기를 나눴다. 오후에는 엄마와 마트에 가서 장을 보는데 카트 안에 물건이 많아지니까 카트를 밀기가 어려웠다.

하루 종일 내가 힘을 사용한 순간들이 여러 번 있었다. 가장 먼저, 학교에 가기 전에 힘을 사용한 순간을 떠올려 보면

학교에서 힘을 사용한 순간을 떠올려 보면

물건을 움직이게 하거나 멈추게 할 때 힘이 꼭 필요하다는 사실을 깨달았다. 앞으로도 힘을 사용하는 때는 언제이고, 어떻게 사용하는지 잘 관찰해야겠다.

• 두 번째 이야기 •

계란과 감자 중 어느 것이 더 무거울까?

주말에 다미는 엄마와 함께 주방에서 요리를 했어요. 엄마가 요리 재료로 계란과 감자를 준비하셨어요. 다미는 계란과 감자를 손에 들고 무게를 비교해 보았어요.

"다미야, 둘 중에 뭐가 더 무거울까?"

엄마가 웃으며 물으셨어요.

다미는 두 손을 바꿔가며 계란과 감자를 들어 보았어요.

"감자가 더 무거운 것 같아요!"

다미가 고심 끝에 대답했어요.

엄마가 다미의 추측이 맞는지 저울로 무게를 재보셨어요. 저울로 감자와 계란의 무게를 재니 감자가 더 무거웠어요.

"제가 맞았어요!"

"그래, 감자가 더 무겁네. 이제 이 재료들로 맛있는 요리를 해 보자!"

"네, 좋아요!"

다미가 기분 좋게 대답했어요. 주방에 맛있는 냄새가 퍼졌어요.

다음 날 학교 과학 시간에 선생님께서 두 개의 풍선을 보여 주셨어요. 하나는 공기를 넣은 풍선이고, 다른 하나는 물을 넣은 풍선이었어요.

"이 두 풍선 중 어느 것이 더 무거울까요?"

선생님께서 질문하셨어요.

"물이 든 풍선이 더 무거워요!"

다미가 대답했어요. 저울로 두 풍선의 무게를 재보니 물 풍선이 훨씬 더 무거웠어요. 다미는 저울이 무게를 정확히 알려주는 아주 좋은 도구라는 것을 알게 되었어요.

며칠 후 다미는 친구와 놀이터에 갔어요. 둘은 신나게 놀다가 시소를 탔는데 시소가 친구 쪽으로 기울어졌어요. 친구는 다미보다 키가 더 크고 몸무게가 더 나갔어요.

"시소의 수평을 맞추려면 어떻게 해야 할까?"

다미는 궁금했어요. 그래서 친구와 자리를 바꾸거나, 다미가 친구 쪽으로 조금씩 이동해서 시소를 수평으로 맞춰 보았어요. 덕분에 다미는 일상생활 속에서 무게를 비교하는 다양한 방법을 알게 되었답니다.

● 탄탄하게 개념 잡기

- **무게**: 물건의 무거운 정도예요. 우리가 물건을 들었을 때 얼마나 무거운지 또는 가벼운지를 나타내요.
- **저울**: 물체의 무게를 정확하게 재는 도구예요. 그램 또는 킬로그램으로 정확하게 표시되어 사람의 손보다 정확하게 무게를 측정할 수 있어요. 저울의 종류에는 사람의 몸무게를 재는 체중계, 주방에서 채소나 과일 같은 식재료의 무게를 재는 주방 저울 그리고 택배 상자 같은 물품의 무게를 수치로 표시해 주는 전자 저울 등이 있어요.

	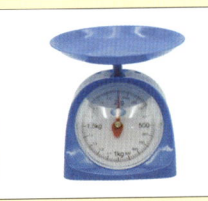	
체중계	주방 저울	전자 저울

- **수평**: 한쪽으로 기울지 않고 평평한 상태예요. 예를 들어, 시소를 탈 때 양쪽에 앉은 사람의 몸무게가 같으면 시소가 수평을 이뤄요.

✦ 핵심 어휘 꼭꼭

어떤 과일이 더 무거운지 ○ 표시해 보세요.

① 수박과 사과를 각각 시소의 양쪽 끝에 올렸더니 시소가 수박 쪽으로 기울어졌습니다. 더 무거운 과일은 무엇일까요?

(수박 / 사과)

② 파인애플과 포도를 각각 시소의 양쪽 끝에 올렸더니 포도 쪽이 올라갔습니다. 더 무거운 과일은 무엇일까요?

(파인애플 / 포도)

✦ 배경 지식 쑥쑥

무게를 재야 하는 상황에는 ○, 그렇지 않은 상황에는 X에 동그라미 표시해 보세요.

① 예나는 키가 얼마나 자랐는지 확인하기 위해 벽에 붙어 있는 키측정기 앞에 섰습니다. (○ / X)

② 예나의 아버지께서 택배를 보내기 전에 상자의 무게를 재고 배송비를 확인하셨습니다. (○ / X)

③ 예나는 맛있는 쿠키를 만드는 데 필요한 밀가루와 설탕의 양을 저울로 측정했습니다. (○ / X)

 도전! 글쓰기

예나는 요리를 할 때, 친구와 놀이터에서 시소를 탈 때, 학교 수업 시간에 다양한 방법으로 물건의 무게를 재봤어요. 여러분도 예나와 민서의 대화를 참고해서 물의 무게를 재본 경험에 대한 글을 써 보세요.

예나: 집에서 저울로 밀가루의 무게를 쟀더니 500그램이었어!

민서: 놀이터에서 친구와 시소를 탔을 때 시소가 한쪽으로 기울어졌는데 내가 친구 쪽으로 조금 이동하니 수평이 되었어!

우리의 일상에서 무게를 재는 일이 많아요. 예를 들어

무게는 다양한 상황에서 중요한 역할을 해요. 앞으로도 다양한 물건의 무게를 여러 방법으로 재면서 비교해 봐야겠어요.

• 세 번째 이야기 •

옛날에는 거대한 고인돌을 어떻게 옮겼을까?

고인돌은 기원전 1500년에서 기원전 300년 사이 청동기 시대에 큰 돌을 쌓아서 만든 무덤으로, 우리나라에서 아주 많이 발견돼요. 이 시대에는 사람들이 농사를 짓고 한곳에 정착해 살았어요. 당시 사람들은 죽은 사람을 위해 무덤을 만들었는데, 특히 마을의 중요한 인물인 지도자가 죽으면 고인돌을 세웠어요. 크고 무거운 돌을 쌓아 만든 고인돌은 죽은 지도자의 힘과 권력을 나타냈어요.

고인돌에 쓰인 돌은 정말 무거워요. 어떤 고인돌은 덮개돌의 무게가 100톤이 넘기도 해요. 얼마나 무거운지 상상이 잘 안 되죠?

▼ 청동기 시대에 만들어진 고인돌

100톤은 1톤 트럭 100대의 무게와 같고, 아파트 한 동의 무게와 비슷하답니다. 경남 창원의 고인돌은 덮개돌의 무게만 약 280톤이라고 해요. 이렇게 큰 돌을 옮기고 세우기 위해서는 수백 명의 사람들이 협동해야 했어요. 옛날 사람들이 얼마나 지혜롭고 협동심이 뛰어났는지 알 수 있어요.

고인돌을 만드는 과정은 네 단계로 이루어져요. 첫 번째 단계에서 돌을 옮겨요. 둥근 통나무를 돌 밑에 깔고, 그 위에 돌을 올린 후 나무를 굴려서 돌을 옮겼답니다.

두 번째 단계에서 받침돌을 세워요. 사람의 힘만으로는 무거운 돌을 세우기 어렵기 때문에, 무거운 물건을 가볍게 들 수 있도록 도와주는 **지렛대** 같은 도구를 사용했어요. 지렛대를 이용해 받침돌을 천천히 세우고, 돌이 쓰러지지 않게 지지대도 함께 세웠어요.

세 번째 단계에서 덮개돌을 올려요. 덮개돌을 받침돌 위에 정확히 놓으려면 돌의 위치를 아주 정밀하게 맞춰야 했어요. 덮개돌은 너무 무거워서 사람의 힘만으로는 올릴 수 없었어요. 그래서 사람들은 흙을 쌓아 **빗면**을 만들고, 그 빗면을 따라 덮개돌을 천천히 밀어 올렸답니다.

마지막 단계에서 빗면을 치우고 덮개돌을 받침돌 위에 올려 고인돌을 완성했어요.

이처럼 옛날 사람들은 특별한 기계 없이도 지렛대와 빗면을 활용

해 거대한 돌을 옮기고 세우며 고인돌을 만들었어요. 그들의 지혜와 협동 덕분에 우리는 지금까지도 멋진 고인돌을 볼 수 있답니다. 여러분도 생활 속에서 지렛대와 빗면을 활용한 사례를 찾아 보세요.

> ● **탄탄하게 개념 잡기**
>
> - **지렛대:** 긴 막대를 이용해 작은 힘으로도 무거운 물체를 들어 올릴 수 있게 하는 도구예요. 고인돌을 만들 때, 받침돌을 세우는 역할을 했어요.
> - **빗면:** 경사진 면을 만들어 무거운 물체를 쉽게 올리거나 내릴 수 있어요. 고인돌을 만드는 과정에서 덮개돌을 받침돌 위에 올릴 때 빗면을 만들어 옮겼어요.

차근차근 문해력 쌓기

✦ 핵심 어휘 꼭꼭

고인돌을 만드는 과정에 대한 설명으로 옳은 것은 ○, 옳지 않은 것은 X에 동그라미 표시해 보세요.

1. 고인돌은 청동기 시대의 대표적인 무덤으로, 받침돌을 세우고 그 위에 평평한 돌을 얹은 형태가 있습니다. (○ / X)

2. 고인돌을 만들 때 사람들이 둥근 통나무를 이용해 큰 돌을 쉽게 옮겼습니다. (○ / X)

3. 고인돌을 세우는 과정에서 지렛대와 같은 도구는 사용되지 않았습니다. (○ / X)

✦ 배경 지식 쑥쑥

빗면이나 지렛대의 원리를 활용해 힘을 적게 들이고도 물체를 들 수 있는 경우에 ○, 그렇지 않은 경우에 X에 동그라미 표시해 보세요.

1. 민서는 시소에 타서 반대편에 앉은 친구를 들어 올렸어요. (○ / X)

2. 예나는 가위로 종이를 잘랐어요. (○ / X)

3. 다미는 계단 대신 경사로를 이용해 자전거를 밀고 올라갔어요. (○ / X)

⭐ 도전! 글쓰기

고인돌을 만들 때 무거운 돌을 쉽게 옮기기 위해서 지렛대와 빗면을 활용한 것처럼 우리도 일상생활에서 이런 도구들을 자주 사용하고 있답니다. 이번에는 우리 주변에서 지렛대와 빗면을 활용한 예를 찾아보고, 왜 편리한지 설명하는 글을 써 볼까요?

🙂 **다미:** 아하! 시소도 지렛대의 원리라서 작은 힘으로도 반대편에 앉은 친구를 쉽게 들어 올릴 수 있었구나.

🙂 **예나:** 휠체어나 유모차를 쉽게 끌고 올라갈 수 있는 경사로는 빗면의 원리를 이용한 거구나.

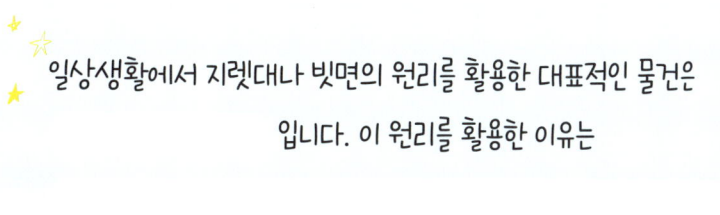

일상생활에서 지렛대나 빗면의 원리를 활용한 대표적인 물건은   입니다. 이 원리를 활용한 이유는

_____
_____
_____
_____

청동기 시대에 무거운 고인돌을 옮기기 위해 지렛대와 빗면의 원리를 이용한 것처럼, 우리도 일상에서 큰 힘이 필요할 때 다양한 원리와 도구를 활용해 보는 자세가 필요합니다.

• 네 번째 이야기 •

스스로를 지킬 줄 아는 동물이 있다?

학교에서 돌아온 민서가 간식을 먹으려 하자 엄마가 물으셨어요.

"민서야! 손은 씻었니?"

"아니요 엄마, 조금 있다 씻으면 안 돼요? 학교에서 손을 씻었는데 또 씻어야 해요?"

"그럼! 학교에서 씻었다고 해도 우리가 밖에서 생활하다 보면 눈에 보이지 않는 아주 작은 바이러스나 세균 같은 것들이 손에 묻게 돼. 그래서 집에 돌아오면 손을 깨끗이 씻어야 우리 몸을 건강하게 지킬 수 있단다."

"네, 엄마."

우리 몸을 지키기 위해 손을 씻어야 한다는 엄마의 말씀에 민서는 화장실로 가서 깨끗하게 손을 씻고 간식을 먹었어요.

사람뿐만 아니라 동물도 위험으로부터 스스로를 지키는 다양한 방법을 갖고 있어요. 자신을 지키기 위해 특별한 방법을 가진 동물들을 방어 동물이라고 하며, 이런 방법을 방어 수단이라고 해요.

예를 들어, 스컹크는 자신을 지키기 위해 방귀 냄새를 사용해요.

스컹크의 방귀는 기체가 아닌 액체인데, 그 냄새가 정말 지독해요. 마치 썩은 달걀과 마늘 냄새가 섞인 듯한 악취를 내뿜어서 적들이 도망가게 하죠. 냄새가 너무 강해서 옷에 한 번 배면 쉽게 빠지지 않아요.

바바리양은 바위가 많은 황무지에 살아요. 황무지에는 모래 바람이 많이 부는데, 바바리양의 긴 털이 모래 바람으로부터 몸을 지켜줘요. 그리고 70센티미터나 되는 아주 큰 뿔도 가지고 있어서 이 뿔로 적의 공격을 막아내요.

거미인 타란툴라도 아주 특별한 방어 수단을 가지고 있어요. 타란툴라는 적을 만나면 등에 있는 털을 총알처럼 발사해서 상대방의 눈과 피부에 자극을 줘요. 게다가 독도 가지고 있어서 적을 쉽게 물리칠 수 있어요. 타란툴라의 독은 사람에게는 큰 해가 없지만, 개나 고양이 같은 동물에게는 해로울 수 있답니다.

바다에도 방어 동물들이 있어요. 복어는 위험을 느끼면 자신의 몸을 크게 부풀려서 적에게 겁을 줘요. 오징어는 포식자가 다가오

▲ 바바리양

▲ 타란툴라

면 먹물을 뿜어서 적의 시야를 가리거나, 몸의 색깔을 바꿔 위장해 자신을 보호해요.

사람들이 손을 씻어서 병균을 막는 것처럼 동물들도 각자에게 알맞는 방어 수단으로 스스로를 지키며 살아가요. 다른 동물들의 방어 수단이 무엇인지 한번 찾아보세요.

● 탄탄하게 개념 잡기

- **방어 동물**: 자신을 지키기 위해 특별한 능력을 가진 동물이에요. 이 동물들은 자신을 해치려는 포식자로부터 몸을 보호하기 위해 여러 가지 방법을 사용해요.
- **방어**: 자신을 지키기 위한 방법이에요. 동물들은 다양한 방어 수단으로 적으로부터 자신을 보호해요.
- **악취**: 우리가 불쾌하게 느끼는 냄새예요. 어떤 동물들은 지독한 냄새를 내뿜어 적이 도망가게 만들 수 있어요.
- **황무지**: 매우 건조하고 비가 거의 오지 않는 곳이에요. 이곳에서는 식물이나 동물이 살아가기 어렵지만, 잘 적응해서 살아가는 동물들도 있어요.

차근차근 문해력 쌓기

✦ 핵심 어휘 꼭꼭

괄호 안에 알맞는 단어를 <보기>에서 찾아 써 보세요.

> **보기** 악취, 방어 동물, 방어 수단

① 스컹크는 항문샘을 통해서 (   )이/가 나는 액체 방귀를 적에게 발사합니다.

② (   )은/는 자신을 지키기 위해서 특별한 능력을 가진 동물을 일컫는 말입니다. 대표적인 예로는 스컹크, 복어, 바바리양 등이 있습니다.

③ 타란툴라의 (   )인 독은 인간에게는 치명적이지 않으나 강아지와 고양이에게는 다를 수 있습니다.

✦ 배경 지식 쑥쑥

각각의 동물이 가진 방어 수단을 연결해 보세요.

① 스컹크 •　　　• ㉠ 70센티미터 가량의 길고 큰 뿔이 있다.

　　　　　　　　• ㉡ 고양이나 강아지에게 위협이 될 수 있는 독을 발사한다.

② 바바리양 •　　• ㉢ 항문샘에서 지독한 액체 방귀를 발사한다.

　　　　　　　　• ㉣ 털을 총알처럼 발사한다.

③ 타란툴라 •　　• ㉤ 사자의 갈기 같은 긴 털이 목 끝까지 나있다.

⭐ 도전! 글쓰기

바다에 사는 문어는 여러 위험에 처할 수 있어요. 다음 '문어 관찰 노트'를 읽고, 오늘 하루 문어가 어떻게 살았을지 상상하며 이야기로 써 보세요.

문어 관찰 노트

문어가 사는 곳

- 문어는 바위 틈이나 산호초 같은 곳에 숨어 산다.
- 문어는 너무 뜨겁거나 차가운 바다에서 살기 힘들다.
- 문어가 가장 잘 살 수 있는 바다의 온도는 10 ~ 15도 정도이다.

문어를 잡아먹는 동물

- 상어: 헤엄쳐서 문어를 잡을 수 있다.
- 바다 뱀장어: 이빨로 문어를 세게 물 수 있다.

문어가 사는 곳:

문어는 주로 _____ (어디)에 사는 편입니다.

문어가 만난 위험:

그런데 바다를 헤엄치던 문어가 _____

(어떤 포식자)을/를 만났습니다.

문어의 대처 방법:

문어는 깜짝 놀라서 _____

_____ (어떻게 대처했나) 그 결과 문어는 위험

에서 빠져나올 수 있었습니다.

결과:

문어는 무사히 _____ (어디)로/으로 다

시 돌아갔답니다.

• 다섯 번째 이야기 •

5만 년 전에 살던 아기 매머드가 찾아왔다?

혹시 매머드라는 동물에 대해 들어본 적이 있나요? 매머드는 긴 코와 복슬복슬한 털을 가졌으며 코끼리와 닮은 동물이었어요. 매머드는 아주 오래전에 살았던 동물이라서 지금은 볼 수 없어요. 그런데 얼마 전에, 러시아의 시베리아라는 아주 추운 지역에서 5만 년 전에 살았던 아기 매머드가 발견되었답니다.

이 아기 매머드는 '야나'라고 불려요. 야나는 시베리아의 야쿠티야 지역에 있는 '바타가이카'라는 커다란 분화구 속에서 발견되었어요. 이곳의 영구 동토층이 녹으면서 그 안에 있던 매머드가 발견된 것이에요. <mark>영구 동토층</mark>은 항상 얼어 있는 지층이에요. 그래서 마

우와~ 5만 년 전에 살았던 아기 매머드래!

치 거대한 냉동고처럼 죽은 동물들의 몸을 오랫동안 언 상태로 보존해 주었어요. 그런데 여름이 되면서 땅이 녹아 땅속에 묻혀 있던 동물들이 드러나게 되었어요. 매머드뿐만 아니라 말이나 들소와 같은 동물들도 발견되었다고 해요.

 이번에 발견된 아기 매머드 야나의 키는 약 1.2미터, 몸 길이는 2미터, 몸무게는 무려 180킬로그램이에요. 귀여운 판다 푸바오보다 훨씬 크고 무겁지요. 사체는 앞부분이 먼저 발견되었는데, 얼음이 녹는 과정에서 반으로 갈라졌을 것이라고 추측하지만 코, 귀, 입, 심지어 눈까지 거의 완벽하게 보존되어 있다고 해요. 영구 동토층 덕분에 야나의 몸은 5만 년 동안이나 언 상태로 잘 보존될 수 있었어요.

 과학자들은 이번에 발견된 매머드를 연구하면 오래전 지구의 환경과 동물들의 생활을 더 잘 알게 될 것이라고 기대해요. 매머드의

▼ 아이슬란드의 영구 동토층

배 속에서 발견된 풀이나 식물을 통해 그 시대의 살던 식물이 무엇인지 알 수 있어요. 또 매머드가 왜 멸종되었는지를 알아내면, 지금 지구에서 멸종 위기에 처한 동물들을 어떻게 지켜야 할지 알게 되지요.

영구 동토층은 단순히 죽은 동물을 보존하는 역할을 하는 데 그치지 않아요. 영구 동토층의 얼음 속에는 과거의 기온, 공기, 미생물 등 환경에 대한 다양한 정보가 담겨 있어요. 야나처럼 보존 상태가 좋은 동물이 발견되면, 과학자들이 **빙하기**의 기후와 생태계를 연구하는 데 도움이 되지요. 이런 연구는 과거 지구의 모습을 이해하는 데 도움을 줄 뿐만 아니라, 오늘날의 환경 문제를 해결하고 미래를 준비하는 데도 큰 역할을 한답니다.

● **탄탄하게 개념 잡기**

· **영구 동토층**: 영구 동토층은 지구의 추운 지역에서 연중 평균 온도가 0도 이하로 유지되어 땅이 얼어 있는 상태가 지속되는 곳이에요.

· **빙하기**: 빙하기는 지구의 온도가 낮아져 거대한 빙하가 대륙과 바다를 덮었던 시기로, 마지막 빙하기는 약 1만 년 전에 끝났어요. 이 시기에는 극지방뿐만 아니라 중위도 지역까지 얼음으로 뒤덮였고, 기후 변화로 인해 대형 포유류들이 멸종되는 등 생태계 변화가 일어났답니다.

차근차근 문해력 쌓기

✦ 핵심 어휘 꼭꼭

괄호 안에 알맞은 단어를 <보기>에서 찾아 써 보세요.

> **보기** 영구 동토층, 빙하기, 멸종

1. 과학자들은 (   )에서 발견된 정보를 통해 과거 지구의 환경을 연구합니다.

2. 과학자들은 매머드가 (   )된 이유를 연구해 오늘날 (   ) 위기 동물들을 보호하려고 합니다.

3. 매머드는 지구가 매우 추웠던 (   )에 살았던 동물입니다.

✦ 배경 지식 쑥쑥

아기 매머드의 발견으로 알 수 있는 것 중 맞으면 O, 그렇지 않다면 X에 동그라미 표시를 해 보세요.

1. 매머드는 지금도 시베리아에서 사는 동물입니다.　　(O / X)

2. 매머드의 배 속에서 발견된 풀로 빙하기에 어떤 식물이 살았는지 알 수 있습니다.　　(O / X)

3. 과학자들은 매머드를 연구하여 멸종 위기에 처한 동물을 보호하는 방법을 찾으려 합니다.　　(O / X)

⭐ 도전! 글쓰기

예나와 다미는 5만 년 전에 살았던 아기 매머드 '야나'가 발견되었다는 소식을 학교 신문 기사로 쓰려고 해요. 예나와 다미가 기사를 잘 쓸 수 있도록 여러분이 도와주세요.

예나: 러시아에서 발견된 아기 매머드 야나에 대해 들어봤어? 야나는 빙하기 때 살았던 매머드야!

다미: 우와! 빙하기 환경과 매머드의 생활을 알 수 있다니 너무 신기하다!

길벗스쿨 어린이 과학 뉴스

제123호 주간 2025년 03월 10일

이번에 러시아 시베리아 지역에서 발견된 매머드(야나)는 (어떤 동물인가?)

아기 매머드 야냐가 발견된 까닭은 (어떻게 발견되었을까?)

영구 동토층이란 (무엇인가?)

• 여섯 번째 이야기 •

선인장과 동물은 사막에서 어떻게 살까?

다음에서 설명하는 초록색 식물이 무엇인지 맞춰 보세요. 이 식물은 줄기가 굵고 통통해요. 장미나 해바라기처럼 넓은 잎이 아닌 바늘처럼 뾰족한 가시가 식물 전체를 덮고 있어요. 이것은 무엇일까요?

맞아요! 바로 선인장이에요. 그런데 왜 선인장은 다른 식물들과 다르게 생겼을까요? 그 이유는 선인장이 사는 곳, 즉 서식지가 사막이기 때문이에요.

사막은 비가 자주 오지 않아서 매우 건조해요. 또, 낮과 밤의 일교차가 커요. 낮에는 기온이 40도까지 올라가지만 밤에는 추워서 영하로 떨어질 때도 있어요. 사막에 사는 베두인족은 이런 일교차에 맞게 낮에는 얇은 옷을 입고, 밤에는 따뜻한 외투를 입어요. 그렇다면, 사막에 사는 선인장의 굵은 줄기와 뾰족한 가시는 어떤 역할을 할까요?

먼저, 선인장의 굵은 줄기는 비가 올 때 물을 많이 저장하는 역할을 해요. 사막은 비가 오는 날이 드물어요. 그래서 선인장은 비가 올 때 물을 최대한 많이 흡수해 줄기에 저장하여 물 없이도 오랫동안 버틸 수 있죠. 선인장의 잎은 원래 넓은 모양이었어요. 하지만 넓은 잎은 물을 금방 증발시키기 때문에 잎의 면적이 좁은 가시로 변한 거예요. 그리고 선인장의 표면은 왁스를 바른 것처럼 매끈하여 물이 더 잘 보존되도록 도와준답니다.

사막에는 선인장뿐만 아니라 다른 동물들도 살아요. 예를 들어, 코요테와 방울뱀은 낮에는 더워서 잠을 자고, 시원한 밤에 활동해요. 이런 동물들을 야행성 동물이라고 해요. 사막토끼도 독특한 특징이 있어요. 사막토끼는 보통 토끼보다 훨씬 크고 넓은 귀를 갖고 있어 몸속의 열을 밖으로 쉽게 내보낼 수 있어요. 또, 사막에 사는 캥거루쥐는 물을 거의 마시지 않고도 살 수 있어요. 이 캥거루쥐는 씨앗이나 작은 곤충을 먹으며, 먹이에서 필요한 수분을 얻어요. 그리고 낮에는 시원한 땅속에 숨어 있다가 밤에 나와서 활동한답니다.

낙타는 사막에 적응하는 또 다른 생활 방식을 가지고 있어요. 낙타의 등에 있는 혹은 지방을 저장해서 에너지를 보존하고, 물이 없

▲ 코요테

▲ 사막토끼

▲ 캥거루쥐

어도 며칠 동안 버틸 수 있도록 도와줘요. 낙타의 긴 속눈썹과 열고 닫을 수 있는 코의 구조는 모래바람으로부터 눈과 코를 보호해요.

이처럼 사막에 사는 생물들은 모두 자신만의 방법으로 사막 환경에 <mark>적응</mark>하며 살아가고 있어요. 선인장의 굵은 줄기와 가시, 사막 토끼의 넓은 귀, 그리고 캥거루쥐의 특별한 식습관까지 모두 사막에서 살아남기 위한 중요한 생존 방법이에요.

만약 여러분이 사막으로 여행을 간다면 덥고 바람이 많이 부는 환경에 어떻게 대비할 건가요? 오늘 알게 된 생물들의 다양한 적응 방식을 바탕으로 준비 방법을 떠올려 보는 것도 좋을 거예요.

탄탄하게 개념 잡기

- **서식지**: 식물이나 동물이 자라며 살아가는 장소예요. 예를 들면, 선인장이나 바오밥나무처럼 물을 적게 필요로 하는 식물의 서식지는 사막이에요.
- **일교차**: 하루 동안의 기온 변화, 즉 낮과 밤의 기온 차이를 말해요. 사막은 낮에는 무척 덥고 밤에는 추워요. 이렇게 낮과 밤의 기온 차이가 큰 것을 일교차가 크다고 해요.
- **적응**: 생물이 살아남기 위해 환경에 맞게 변화하는 것이에요. 예를 들어, 매우 건조하고 비가 오지 않는 사막에서 살아남기 위해 선인장은 굵고 통통한 줄기와 뾰족한 가시를 갖게 되었답니다.

✦ 핵심 어휘 꼭꼭

사막에서 사는 식물의 특징으로 옳은 것에 ○, 옳지 않은 것에 X에 동그라미 표시해 보세요.

① 사막에서 사는 식물의 잎은 크기가 작거나 가시로 형태여서 물의 증발을 막습니다. (○ / X)

② 사막에서 사는 식물들은 습한 환경에서 잘 견딜 수 있도록 적응했습니다. (○ / X)

③ 연못에서 주로 자라는 수련은 사막에서 살기 어렵습니다. (○ / X)

✦ 배경 지식 쑥쑥

사막에서 살기 어려운 식물을 <보기>에서 찾아 이름을 써 보세요.

용설란	강아지풀	기둥선인장	바오밥나무
긴 잎이 특징이며 잎 끝에는 가시가 있습니다.	잘 자라려면 충분한 수분이 필요하며, 넓은 잎을 가지고 있습니다.	두꺼운 왁스 같은 표면을 가지고 있어 물을 최소한으로 증발합니다.	굵고 부피가 큰 줄기는 물을 저장하는 데 도움이 됩니다.

사막에서 살기 어려운 식물은 (　　　　　) 입니다.

⭐ 도전! 글쓰기

사막에서 사는 생물들은 다른 곳에 사는 생물들과는 다르게 특별해요. 오늘은 여러분이 기자가 되어 사막에 사는 동물이나 식물과 인터뷰를 해 볼 거예요. 상상력을 발휘해서 생물들이 사막에서 어떻게 잘 살 수 있는지 물어보고 답해 볼까요?

🧑 **민서:** 사막에서 살아가는 식물이나 동물 중 한 종류를 선택해서 두 가지 질문을 던져 보자!

👧 **다미:** 그러면 난 선인장 친구를 인터뷰할게!

안녕하세요, '사막 생물의 생존 비결'에 대한 기사를 쓴 _____ 입니다.

오늘은 사막에서 잘 적응하여 사는 _____ 을/를 모시고 대화를 나누겠습니다.

안녕하세요, 먼저 귀한 시간 내주셔서 감사합니다. _____ 님께 질문을 하나 드리겠습니다.

_____

_____

안녕하세요, 좋은 질문이에요. 질문에 대한 답을 하자면

_____

_____

48

_____
_____
_____
_____

네, 그렇군요. 인터뷰에 응해 주셔서 정말 감사합니다! 덕분에 사막에 사는 생물들이 어떻게 살아가는지 잘 알게 된 시간이었습니다.

• 일곱 번째 이야기 •

크리스마스트리로 플라스틱을 쓴다?

크리스마스트리로 알려진 구상나무를 본 적이 있나요? 크리스마스가 다가오면서 다미와 예나, 민서도 학교에서 푸른 잎사귀와 단단한 줄기가 특징인 구상나무에 대해 배우게 되었어요. 그런데 선생님께서 수업중에 말씀하셨어요.

"여러분, 구상나무가 지금 큰 위험에 처해 있어요."

"선생님, 왜 구상나무가 위험에 처했나요?"

다미가 깜짝 놀라 선생님께 여쭤 보았어요.

▼ 한국 특산종인 구상나무

"**구상나무**는 우리나라 한라산이나 지리산과 같은 높은 산에서 자라는 나무예요. 차갑고 습한 곳에서 잘 자라서, 겨울에도 꽁꽁 얼어붙는 날씨를 견딜 수 있지요. 예전에는 크리스마스트리로도 많이 쓰였지만 지구가 점점 더워지면서 구상나무가 살기 어려운 환경이 되었어요."

선생님께서 설명하셨어요. 예나가 깜짝 놀라며 말했어요.

"그렇다면 지금 구상나무는 어떻게 됐나요?"

선생님께서 한라산에 사는 구상나무의 이야기를 들려주셨어요.

"사실 1980년대부터 구상나무가 점점 줄어들기 시작했어요. 산꼭대기가 더워지고 병충해도 많아졌기 때문이죠. 2010년대에는 절반 이상이 사라졌고 지금은 거의 90퍼센트가 죽어가고 있어요."

"그럼 나중에는 구상나무를 아예 못 보게 되는 거예요?"

민서가 슬픈 표정으로 말했어요.

"그럴 수도 있어요. 그래서 요즘에는 진짜 구상나무 대신에 플라스틱 크리스마스트리를 많이 사용하죠. 하지만 이 플라스틱 트리도 문제예요. 만드는 과정에서 탄소가 많이 나오고, 사용 후 쓰레기가 되어 환경을 오염시킬 수 있기 때문이죠."

선생님의 말씀에 세 친구는 생각에 잠겼어요. 다미는 할아버지께서 들려주신 이야기가 떠올랐어요.

"옛날에는 크리스마스가 가까워지면 아버지와 시장에 가서 구상나무를 고르며 정말 설레었단다. 나무에서 나는 향기가 집안 가득 퍼졌던 기억이 지금도 생생하단다. 그런데 요즘엔 구상나무를 구하기 어렵고, 그때의 향도 느낄 수 없어 아쉽구나."

예나가 가족들과 함께했던 추억을 떠올리며 친구들에게 말했어요.

"우리가 환경을 지키기 위해 할 수 있는 일은 무엇일까?"

민서가 제안했어요.

"올해 크리스마스에는 플라스틱을 사용하지 않고 직접 크리스마스 장식을 만들어보는 건 어때? 공원에서 솔방울을 줍거나 재활용 종이를 사용해서 예쁜 장식을 만드는 거야!"

선생님께서 미소를 지으며 말씀하셨어요.

"좋은 생각이에요. 작은 실천이 모이면 크리스마스를 더 아름답게 보낼 수 있을 거예요. 그리고 언젠가는 우리의 노력 덕분에 다시 한라산과 지리산에 구상나무가 무성해지는 날이 오겠지요?"

여러분도 이번 크리스마스에는 사라져가는 구상나무를 떠올리며, 우리가 잃어버린 자연을 되찾을 방법을 생각해 보면 어떨까요? 우리의 작은 노력과 실천이 구상나무가 다시 산에서 자라게 하고, 밝은 크리스마스를 만들어 줄 거예요.

● **탄탄하게 개념 잡기**

· **구상나무:** 구상나무는 추운 산에서 잘 자라요. 하지만 지구의 평균 기온이 올라가고 병충해가 늘어나면서 점점 사는 곳이 줄어들고 있어요. 다음은 한라산 구상나무 숲의 분포를 나타낸 사진이에요. 1970년대에 비해 2010년도의 한라산 구상나무 숲의 면적(붉은 부분)이 상당 부분 줄어든 것을 볼 수 있어요.

1970년대 한라산 구상나무 숲

2010년대 한라산 구상나무 숲

*출처: 제주세계유산본부

✦ 핵심 어휘 꼭꼭

구상나무와 플라스틱 크리스마스트리에 대한 설명으로 맞으면 ○, 그렇지 않다면 X에 동그라미 표시해 보세요.

① 구상나무는 한 겨울 추운 날씨를 잘 견딜 수 있는 나무입니다.
(○ / X)

② 구상나무는 기온이 점점 올라갈수록 더 잘 자랍니다.   (○ / X)

③ 1980년대 이후로 한라산에서 구상나무가 사는 곳이 점점 줄어들기 시작했습니다.
(○ / X)

✦ 배경 지식 쑥쑥

구상나무 숲을 보호할 수 있는 적절한 방법에 ○ 표시를 해 보세요.

① 다미가 구상나무 숲을 보호하면서 크리스마스트리를 만드는 적절한 방법은 무엇일까요?
(구상나무를 베어 사용하기 / 자연 재료로 장식하기)

② 예나가 구상나무 숲을 보호하기 위해 선택해야 할 적절한 방법은 무엇일까요?
(플라스틱 트리를 사서 한 번 쓰고 버리기 / 폐휴지로 만든 장식으로 트리 꾸미기)

③ 민서가 구상나무 숲 보호를 위해 할 수 있는 적절한 활동은 무엇일까요?
(구상나무 숲 보호 캠페인에 참여하기 / 구상나무 잎을 꺾어 가져오기)

⭐ 도전! 글쓰기

다미, 예나, 민서는 구상나무 숲의 변화를 살펴보고 환경 보호의 중요성에 대해 배웠어요. 예나는 미래에도 우리나라에서 구상나무를 보려면 자연을 잘 지켜야 한다고 생각했어요. 다미는 직접 자연물로 꾸민 특별한 트리를 상상했어요. 여러분도 20년 후의 크리스마스 모습을 떠올려 보며, 우리가 구상나무를 보호하기 위해 할 수 있는 일은 무엇인지 글로 써 보세요.

예나: 구상나무를 보호하면 미래에도 한라산에서 구상나무를 볼 수 있을 거야.

다미: 맞아! 우리가 직접 만든 장식으로 꾸민 새로운 모양의 트리도 떠올려 보자.

구상나무 보고서

우리나라에서 점차 사라지고 있는 구상나무를 보호하기 위해 지금 우리가 할 수 있는 일을 생각해 보았어요.

20년 후의 크리스마스는 아마도

• 여덟 번째 이야기 •

늪은 그냥 진흙탕이 아니야

"늪에 빠진 경제가 회복되기 어려울 것 같습니다."

다미가 집에서 아빠와 뉴스를 보다가 들은 말이에요. 다미는 이 말이 정확히 어떤 의미인지 궁금해졌어요.

"아빠, '늪'이라는 단어는 뭔가 나쁜 상황을 비유할 때 쓰는 건가요?"

걱정스러운 눈빛으로 뉴스를 보시는 아빠에게 여쭈었어요.

"그렇지. 보통 빠져나오기 어려운 상황에 비유하여 쓴단다. 뉴스에서 얘기한 '경제가 늪에 빠졌다'라는 말은 우리나라 경제 상황이 나빠졌다는 의미로 쓰인 거야."

"아, 그러면 실제 늪은 어떤 곳이에요? 실제로도 나쁜 곳이에요?"

다미가 고개를 갸웃거리며 말했어요.

"음… 그렇진 않아. 늪은 물이 많이 고여 있고 진흙이 많아서 한 번 빠지면 나오기 힘든 곳이라는 부정적인 이미지가 있지만, 늪은 사실 아주 중요한 역할을 하는 장소야. 다미야, 자연에서 늪은 어떤 역할을 하고 있는지 한번 아빠와 함께 찾아볼까?"

아빠의 말씀에 늪이 어떤 곳인지 더 궁금해진 다미는 늪에 대해 조사해 보기로 했어요.

늪에는 다양한 식물들이 자라요. 그중 물에서 잘 자라는 식물을 **수생식물**이라고 해요. 예를 들어 연꽃, 부레옥잠, 개구리밥 같은 식물들이 수생식물이에요. 연꽃의 **잎몸**에는 **방수 세포층**이 있어서 물에 젖지 않아요. 부레옥잠의 **잎자루**에는 공기 주머니가 있어 물에 뜰 수 있고, 개구리밥은 작은 잎이 물 위에 떠서 자라요.

물속에서 자라는 수생식물들은 물을 깨끗하게 만드는 역할도 해요. 물에 있는 더러운 물질, 예를 들면 질소나 인 같은 성분을 흡수해서 강이나 바다를 깨끗하게 하는 데 도움을 주어요.

또한, 이산화 탄소를 저장하고 흡수하는 능력이 뛰어나서 지구 온난화를 막는 데에도 큰 역할을 해요. 홍수가 날 때도 수생식물들이 물의 흐름을 느리게 만드는 역할을 해 홍수 피해를 줄여주기도

해요.

그래서 전 세계적으로 늪을 보호하려는 다양한 노력들을 해요. 대표적으로 늪을 보호하기 위해 국가간의 약속인 '람사르 협약'이 있어요. 우리나라에도 이 협약에 따라 보호받는 습지들이 많아요. 대표적으로 전라남도 고창의 운곡 람사르 습지와 정읍의 월영 습지가 있으며, 이 곳에 다양한 동식물들이 살고 있어요. 멸종 위기 동물인 수달, 황새, 삵 같은 동물들을 비롯하여 무려 830여 종의 생물들이 함께 살아가고 있어요. 이처럼 늪은 환경을 보호할 뿐만 아니라 많은 생명들이 살아가는 중요한 장소랍니다.

● **탄탄하게 개념 잡기**

- **늪:** 물이 고여 있고 질퍽질퍽한 곳을 말하며 다른 말로 '습지'라고도 해요.
- **수생식물:** 연못, 호수, 강, 바다 같은 곳에서 자라는 식물이에요. 대표적인 예로 연꽃, 수련, 부레옥잠 등이 있어요. 수생식물은 물 위에 떠 있거나 물속에 뿌리를 내리고 자라요. 이 식물들 덕분에 물고기들이 숨을 쉬고 먹이를 찾으며, 물도 깨끗하게 유지돼요.
- **잎몸, 잎자루:** 잎몸은 잎사귀를 이루는 넓은 부분이고, 잎자루는 잎몸을 줄기나 가지에 붙게 하는 꼭지 부분이에요.
- **방수 세포층:** 연잎의 표면에는 아주 얇은 방수 세포층이 있어서 연잎이 물에 젖지 않고 물 위에서 건조한 상태를 유지할 수 있어요.

차근차근 문해력 쌓기

✦ 핵심 어휘 꼭꼭

괄호 안에 알맞은 단어를 <보기>에서 찾아 써 보세요.

보기 늪, 방수 세포층, 적응, 공기 주머니,

① (　　)은/는 습기와 진흙이 많은 곳으로, 다양한 동식물이 어울려 삽니다.
② 수생식물은 습지에서 살아남아 (　　)하기 위한 다양한 방법을 가지고 있습니다.
③ 물에서도 살 수 있도록 부레옥잠의 잎자루에는 (　　)이/가 있고 연잎에는 (　　)이/가 있습니다.

✦ 배경 지식 쑥쑥

동식물을 연구하는 과학자들이 자주 활용하는 연구 방법으로 '분류'가 있어요. '분류'란 여러 가지 물건이나 사물의 공통점을 찾아 한 묶음으로 만드는 것이에요. 예를 들어, 과일 바구니에 사과, 딸기, 바나나, 골드키위, 포도, 블루베리가 있다면 붉은색 과일이라는 공통점을 기준으로 사과와 딸기를 같은 묶음으로 분류할 수 있어요.

괄호 안에 알맞은 단어를 <보기>에서 찾아 써 보세요.

보기 집, 색, 수생식물

① 포도와 블루베리는 한 묶음으로 분류할 수 있어요. 왜냐하면 두 과일의 (　　)이/가 비슷하기 때문입니다.

❷ 강아지와 고양이는 한 묶음으로 분류할 수 있어요. 왜냐하면 두 동물은 (   )에서 기를 수 있는 애완동물이기 때문입니다.

❸ 연과 부레옥잠은 한 묶음으로 분류할 수 있어요. 왜냐하면 두 식물 모두 물과 더불어 사는 (   )이기 때문입니다.

★ 도전! 글쓰기

아래의 '습지에 사는 수생식물 보고서'를 참고해서 수생식물을 분류하는 방법에 대해 써 보세요.

▽ 습지에 사는 수생식물 보고서 ▽

검정말
- 물속에서 사는 식물.
- 물을 깨끗하게 해 준다.

나사말
- 물속에서 사는 식물.

부레옥잠
- 물에 떠서 사는 식물.
- 잎자루에 공기 주머니가 있어 물에 잘 뜬다.
- 물을 깨끗하게 해 준다.

개구리밥
- 물에 떠서 사는 식물.
- 잎의 크기가 작지만 번식 속도가 빠르다.

수련
- 물에 떠서 다양한 색의 꽃을 피우는 식물.
- 밤에 꽃잎을 오므렸다가 낮에 다시 활짝 핀다.

연꽃
- 물에 떠서 분홍색, 흰색 꽃을 피우는 식물.
- 연잎에 방수 세포층이 있어 물에 젖지 않는다.

다미: 연꽃과 부레옥잠을 같은 묶음으로 분류했어. 왜냐하면 두 식물 모두 잎이 물에 젖지 않는 식물이기 때문이지.

예나: 연꽃과 수련을 같은 묶음으로 분류했어. 왜냐하면 두 식물 모두 물 위에서 꽃을 피우기 때문이야.

저는 _____ 과/와 _____ 을/를 같은 묶음으로 분류했습니다.

제가 발견한 공통점은

식물을 분류할 때 처음에는 조금 헷갈렸지만 특징을 하나씩 찾아보니 비슷한 점들을 쉽게 발견할 수 있었습니다. 또 다양한 식물들이 서로 다른 환경에서 어떻게 자라는지 알게 되었습니다.

• 아홉 번째 이야기 •

딱 일 년만 사는 곤충으로 옷을 만든다?

우리나라를 대표하는 아름다운 옷은 무엇일까요? 바로 한복이에요. 한복은 알록달록하고 부드러운 비단으로 만들어요. 옛날에는 비단이 아주 귀한 옷감이었어요. 왜냐하면 비단을 만드는 과정이 매우 복잡하고 시간이 오래 걸렸기 때문이에요.

비단을 만드는 과정에 꼭 필요한 곤충이 있어요. 바로 **한해살이** 곤충인 '누에'예요. 누에는 비단벌레나방의 애벌레로, 비단을 만들기 위해 특별히 길러요.

누에가 먹는 뽕나무는 **여러해살이** 식물인데, 봄마다 새싹이 나고 여름에는 무성하게 자라 잎이 많아져요. 누에는 이 뽕나무 잎을

▼ 뽕나무 잎을 먹고 자라는 누에

먹으며 자라기 때문에 뽕나무 잎이 많을수록 누에도 잘 자라요.

누에가 고치를 만들면 그 고치를 따뜻한 물에 넣어 실을 풀어내요. 그 실이 바로 비단실이 된답니다. 이 비단실을 길게 뽑아 다양한 색으로 염색해요. 왕실에서는 특별한 방법으로 비단실을 염색하여 더욱 아름다운 색을 만들어 낸 다음, 엮어 옷감을 만들었어요. 비단을 만드는 일은 아주 정교하고 섬세한 작업이었기 때문에 옛날에는 왕실에서만 할 수 있었어요.

누에는 ==한살이==를 마치면 나방이 되어 날아가요. 한살이는 곤충이 태어나서 성장하고, 변태를 거쳐 어른 벌레가 되는 과정을 말해요.

고치를 모은 뒤에는 무엇을 해야 할까요? 그렇죠. 바로 고치에서 비단실을 뽑아내요. 뜨거운 물에 고치를 넣어야 실로 풀어내기 쉬웠어요. 이렇게 뽑아낸 비단실이 끊어지지 않도록 조심히 다루어야 해요. 이 과정이 얼마나 정교하게 작업되었는지에 따라 비단의 품질이 결정되어요.

오늘날에도 비단은 아름다움과 부드러움 덕분에 고급 옷감으로 여겨요. 여러분은 비단이 만들어지는 과정을 살펴보며 어떤 생각이 드나요? 시미쌤은 누에가 열심히 자라며 만들어낸 비단이 사람들에게 소중한 선물이었고, 사람은 누에에게서 나온 실로 만든 비단을 지혜롭게 활용하고 있다는 생각이 들어요.

● 탄탄하게 개념 잡기

- **한해살이:** 한 해 동안 태어나 자라고 번식한 후 생을 마치는 식물과 동물을 일컬어요. 이들은 씨앗이나 알을 남기고 생을 마쳐요.
- **한해살이 식물:** 봄에 씨앗이 싹을 틔우고 자라서 여름과 가을에 꽃을 피운 후 씨앗을 만들어요. 겨울이 오기 전에 말라 죽지만, 남긴 씨앗이 다시 자라요. 예를 들어 벼와 옥수수가 있어요.
- **한해살이 동물:** 알에서 태어난 애벌레가 자라서 어른 벌레가 되고, 짝짓기를 하고 알을 낳은 후 생을 마쳐요. 예를 들어 메뚜기, 나방, 누에가 있어요.
- **여러해살이:** 여러 해 동안 살면서 자라고 번식하는 식물과 동물을 일컬어요. 이들은 매년 생명을 이어가요.
- **여러해살이 식물:** 여러 해 동안 매년 꽃을 피우고 열매를 맺는 식물이 많아요. 대표적으로 나무가 여러해살이 식물이에요.
- **여러해살이 동물:** 고양이, 개, 코끼리처럼 여러 해 동안 사는 동물들이에요.
- **한살이:** 생물이 태어나서 자라고, 변하며 살아가는 모든 과정이에요. 예를 들어 누에의 한살이는 알에서 태어나 애벌레, 번데기, 어른벌레가 되는 모든 과정이에요.

차근차근 문해력 쌓기

✦ 핵심 어휘 꼭꼭

괄호 안에 알맞는 단어를 <보기>에서 찾아 써 보세요.

> **보기** 한살이, 누에, 한해살이, 여러해살이

1. (　　　　)은/는 비단을 생산하기 위해 기르는 곤충인 비단벌레나방의 애벌레입니다.
2. 한 해 동안 모든 생애를 마치는 식물과 동물은 (　　　　)이고, 여러 해 동안 살면서 매년 자라고 번식하는 식물과 동물은 (　　　　) 입니다.
3. 누에의 (　　　　)은/는 알에서 태어나 애벌레로 자란 후 고치를 만들어 번데기가 되고 나방으로 변해 다시 새로운 알을 낳는 과정입니다.

✦ 배경 지식 쑥쑥

누에의 한살이를 시간 순으로 바르게 나열해 보세요.

(가) 비단벌레나방이 알을 낳습니다.

(나) 누에가 실을 토해내며 고치를 만들고, 고치 속에서 번데기가 어른 벌레로 변합니다.

(다) 알에서 태어난 애벌레가 뽕잎을 먹으며 자랍니다.

(라) 나방이 되어 고치에서 나옵니다.

(　　　 → 　　　 → 　　　 → 　　　)

⭐ 도전! 글쓰기

조선 시대 왕실에서는 좋은 비단을 만들기 위해 누에를 잘 키우는 일이 정말 중요했어요. 중전마마의 지시로 후궁들이 누에를 기르고, 비단을 만드는 방법을 배웠답니다. 여러분도 중전마마를 도와 누에를 키우고 비단을 만드는 방법을 소개하는 글을 써 볼까요? 누에의 성장 과정과 비단이 만들어지는 방법을 생각해 보세요!

- 민서: 누에는 어떻게 태어나고 자랄까? 누에의 한살이를 생각해 보자!
- 다미: 누에의 한살이를 통해 알, 애벌레, 고치, 어른벌레, 나방이라는 단어를 알았어!

비단 제작 안내서

비단은 왕실에서 아주 중요한 옷을 만들 때 사용했던 귀한 옷감입니다. 좋은 비단을 만들기 위해서는 누에를 잘 돌보는 일이 정말 중요합니다. 그래서 지금부터 누에가 어떻게 자라고, 비단이 어떻게 만들어지는지 설명하겠습니다.

누에를 잘 기르려면 정성과 인내가 필요합니다. 누에의 한살이를 쉽게 설명하면 비단을 만들기 위해서는 누에가 만든 고치가 아주 중요합니다. 고치를 물에 넣고 실을 뽑아내서 비단실을 만듭니다. 이 실로 비단을 만듭니다.

누에를 잘 돌보고, 고치를 잘 관리하는 것이 좋은 비단을 만드는 데 아주 중요합니다. 여러분도 중전마마의 뜻에 따라 멋진 비단을 만들어 보세요!

• 열 번째 이야기 •

이것만 알면 프로 식집사가 될 수 있다?

요즘 집에서 식물을 키우는 사람들을 '식집사'라고 불러요. 이들은 단순히 식물을 키우는 것뿐만 아니라 몬스테라 알보나 필로덴드론 핑크 프린세스, 알로카시아 아즈라니 같은 특별한 식물들을 모아 멋진 정원을 만드는 걸 좋아해요. 이런 식물들은 관리가 어렵지만 독특한 모습 때문에 식집사들에게 인기가 높아요.

어떤 식물은 매우 희귀하고 비싸서 더 많은 관심을 받기도 해요. 식집사들은 온라인에서 서로의 경험을 나누며 인터넷에서 얻은 정보로 식물을 키우고, 새로운 식물을 추천 받아 키우기도 하고 자신

▲ 알로카시아 아즈라니

▲ 몬스테라 알보

이 키우는 식물을 자랑하기도 해요. 식집사들에게 식물은 단순한 장식용이 아니에요. 그들에게 식물은 소통하고 돌보는 존재이지요. 그래서 식물을 건강하게 키우면 큰 기쁨과 보람을 느낀다고 해요.

  식물을 잘 키우기 위해서는 몇 가지 유의할 점이 있어요. 첫째, 물을 너무 많이 주면 뿌리가 썩을 수 있으니 물 주는 주기를 잘 조절해야 해요. 식물마다 필요한 물의 양이 다르니까 잘 알아봐야 해요.

  둘째, 햇빛이 꼭 있어야 합니다. 어떤 식물은 강한 햇빛을 좋아하고, 어떤 식물은 약한 햇빛에서 더 잘 자라기 때문에서 각각의 식물이 잘 자라기에 알맞은 장소를 찾아주는 것이 중요하죠.

  셋째, 습도와 온도도 중요해요. 습도가 너무 낮으면 식물이 시들 수 있고, 온도가 너무 높거나 낮으면 잘 자라지 못해요. 식집사들은 식물마다 세심하게 신경을 써야해요. 예를 들어 몬스테라 알보를

키우는 식집사는 <mark>물</mark>, <mark>햇빛</mark>, <mark>흙</mark>을 아주 꼼꼼하게 관리합니다.

　식집사들에게 식물을 기르는 건 단순한 취미가 아니라, 식물과 교감하는 일이랍니다. 식물이 잘 자랄 수 있는 조건을 찾아내고, 그 조건에 맞춰 식물을 키우는 일은 마치 하나의 작은 실험 같아서 내가 과학자가 된 것 같아요. 여러분도 작은 화분 하나에 식물을 심어 성장을 관찰하면서 나만의 작은 연구를 해 보는 건 어떨까요?

● **탄탄하게 개념 잡기**

- **물:** 식물마다 필요로 하는 물의 양이 달라요. 어떤 식물은 자주 물을 줘야 하고, 어떤 식물은 물을 적게 줘야 해요. 물을 너무 많이 주면 뿌리가 썩을 수 있고, 너무 적게 주면 식물이 마를 수 있어요.
- **햇빛:** 식물이 자라기 위해 꼭 필요한 요소지만 모든 식물이 같은 양의 햇빛을 필요로 하지는 않아요. 어떤 식물은 강한 햇빛을 좋아하고, 어떤 식물은 약한 빛에서도 잘 자라요.
- **흙:** 식물의 뿌리가 자라는 흙도 매우 중요해요. 흙은 식물에게 필요한 영양분을 공급하고, 물이 잘 빠지게 도와줘요. 식물마다 좋아하는 흙의 종류가 다를 수 있으니 식물에 맞는 흙을 사용하는 것이 좋아요.

차근차근 문해력 쌓기

✦ 핵심 어휘 꼭꼭

초보 식집사 예나는 '알로카시아 아즈라니'를 어떻게 하면 잘 기를 수 있을지 고민하다가 다음과 같은 실험을 해 보기로 했습니다. 실험 과정을 잘 읽고 ㉠에 알맞는 말을 적어 보세요.

실험 과정

알로카시아 아즈라니가 자라는 데 (㉠)이/가 미치는 영향을 알아보는 실험을 해 보자.

준비물: 알로카시아 아즈라니 2개, 물뿌리개, 물

1. 두 개의 서로 다른 알로카시아 아즈라니를 준비한다.
2. 첫 번째 알로카시아 아즈라니에는 (㉠)을/를 주지 않고, 두 번째 알로카시아 아즈라니에는 (㉠)을/를 충분하게 적셔준다.
3. 약 2주일이 지나자 첫 번째 알로카시아 아즈라니는 건조하게 말라 비틀어졌지만, 두 번째 알로카시아 아즈라니는 아주 건강한 상태를 유지한다.

실험 결과

예나는 알로카시아 아즈라니가 자라는 데 햇빛과 적절한 흙도 중요하지만 (㉠)도/이 중요하다는 사실을 알았다.

㉠ : (   )

✦ 배경 지식 쏙쏙

초보 식집사 다미는 '몬스테라 알보'를 어떻게 하면 잘 기를 수 있을 지 고민하다가 다음과 같은 실험을 해 보기로 했습니다. 실험 과정을 잘 읽고 ⓒ과 ⓒ에 알맞은 말을 적어 보세요.

실험 과정

몬스테라 알보가 자라는 데 햇빛이 미치는 영향을 알아보기 위해 두 개의 서로 다른 몬스테라 알보를 준비하여 햇빛의 양이 각각 다른 장소에서 키웠다.

준비물: 몬스테라 알보 2개, 햇빛의 잘 드는 유리상자, 햇빛이 들지 않는 어둠 상자

1. 두 개의 서로 다른 몬스테라 알보를 준비한다.
2. 첫 번째 몬스테라 알보는 (ⓒ   )에 두고, 두 번째 몬스테라 알보는 (ⓒ   )에 둔다.

약 2주일이 지나자, 한쪽의 몬스테라 알보는 잎이 더 푸르고 튼튼하게 자랐지만, 다른 쪽의 몬스테라 알보는 잎이 노랗게 변하고 약해졌다.

다미는 이 실험을 통해 몬스테라 알보가 자라는 데 적절한 햇빛이 중요하다는 사실을 알게 되었다.

ⓒ : (   )

ⓒ : (   )

⭐ 도전! 글쓰기

예나는 삼촌이 선물한 몬스테라 알보를 잘 키우려고 열심히 노력했어요. 하지만 생각만큼 잘 자라지 않았어요. 식물을 처음 키우는 예나에게 어떻게 하면 식물을 잘 키울 수 있을지 알려 주세요.

민서: 식물을 잘 키우려면 무엇이 필요할까?

다미: 예전에 선인장을 잘 키우려고 물을 많이 줬더니 오히려 뿌리가 썩었어.

예나에게

예나야, 삼촌이 선물한 몬스테라 알보를 잘 키우고 싶어 하는 네 마음이 참 멋지구나! 식물을 키울 때 몇 가지 중요한 점이 있으니 꼭 기억할 수 있도록 쉽게 설명해 주마. 제일 먼저,

_____

_____

_____

_____

예나야, 삼촌이 알려준 이 세 가지 주의사항을 잘 기억하고 몬스테라 알보를 잘 돌봐 줘. 그럼 몬스테라 알보가 예쁘고 건강하게 자랄 거야!

예나를 사랑하는 삼촌이

• 열한 번째 이야기 •

손만 대면 몽땅 금으로 바꿀 수 있다?

　이번에는 아주 오랜 옛날 이야기를 해 볼게요. 그리스 시대에 황금처럼 반짝이는 것을 정말 좋아하는 미다스 왕이 있었어요. 미다스 왕은 욕심이 많아서 모든 것이 황금으로 변했으면 좋겠다고 생각했어요. 그런데 어느 날 포도주의 신인 디오니소스의 스승님이 사라졌다는 소식이 미다스 왕의 귀에 들렸어요. 디오니소스는 소중한 스승님을 잃고 며칠 동안 눈물을 흘리며 슬퍼했어요.

　미다스 왕은 디오니소스의 스승님을 찾아 주기로 결심했어요. 그는 깊은 숲속까지 걸어가서 열심히 찾았어요. 하늘도 그의 정성에 감동했는지, 미다스 왕은 길을 잃은 디오니소스의 스승님을 결

국 찾아냈어요. 그는 스승님을 따뜻하게 맞이하고 맛있는 음식도 대접했어요. 디오니소스는 미다스 왕의 정성에 감동해서 소원을 들어주겠다고 약속했어요.

미다스 왕은 자신의 손이 닿는 모든 물체가 황금으로 변할 수 있게 해달라고 소원을 빌었어요. 디오니소스는 그의 소원을 들어주었고, 미다스 왕이 만지는 것들은 모두 황금으로 변했어요. 돌멩이, 나뭇잎, 집 안의 모든 물건까지 순식간에 황금이 되었어요. 미다스 왕은 모든 것을 황금으로 바꾸는 게 너무 재미있어서 하루 종일 기뻤어요.

저녁이 되자 배가 고파진 미다스 왕이 빵을 먹으려고 했어요. 그런데 빵도 단단한 황금으로 변해버려 먹을 수가 없었어요. 목이 말라 포도주를 마시려고 했지만, 포도주와 잔도 황금으로 변했어요. 액체였던 포도주가 단단한 고체인 황금으로 변한 거예요. 액체는 자유롭게 흐르는 성질이 있지만 고체인 황금은 단단하면서 일정한 모양의 성질을 가져요. 포도주가 딱딱한 금으로 변하자 미다스 왕은 점점 후회가 되기 시작했어요.

그때 미다스 왕의 사랑스러운 딸인 공주가 아버지께 빵을 건넸어요. 그런데 미다스 왕이 공주를

토닥이는 순간, 공주마저 황금으로 변해버렸어요. 사랑스럽고 따뜻한 공주가 단단하고 차가운 황금 덩어리가 되어버린 거예요. 미다스 왕은 그 모습을 보고 너무 슬퍼서 펑펑 울었답니다.

만약 미다스 왕이 고체, 액체, 기체에 대해서 더 잘 알았다면 소원을 다르게 빌었을까요? 모든 물건을 금으로 바꿔달라는 소원은 문제가 많았던 것 같아요. 이제 여러분이 타임머신을 타고 과거로 가서, 소원을 빌려는 미다스 왕을 만난다면 어떤 조언을 하고 싶나요?

● 탄탄하게 개념 잡기

- **물체:** 빵, 포도주, 황금처럼 눈으로 보고 손으로 만질 수 있는 사물이에요.
- **물질:** 빵을 만드는 밀가루, 포도주를 만드는 물처럼 물체를 만드는 재료예요.
- **모양:** 물체가 생긴 모습으로, 예를 들면 공은 동그란 모양이고 책은 네모난 모양이에요.
- **부피:** 물체 안에 얼마나 많은 내용물이 들어갈 수 있는지를 나타내는 크기예요.
- **고체:** 모양과 부피가 변하지 않아요. 예를 들어, 돌멩이는 눌러도 모양이나 크기가 그대로예요.
- **액체:** 부피는 변하지 않지만, 모양은 담는 그릇에 따라 달라져요. 예를 들어 사이다를 긴 컵에 담으면 길쭉하고, 납작한 컵에 담으면 납작한 모양이 돼요. 하지만 사이다의 양은 변하지 않아요.
- **기체:** 모양과 부피가 없어요. 기체를 농구공에 넣으면 농구공 모양이 되고, 하트 풍선에 넣으면 하트 모양이 돼요.

차근차근 문해력 쌓기

✦ 핵심 어휘 꼭꼭

괄호 안에 알맞는 단어를 <보기>에서 찾아 써 보세요.

보기 물질, 고체, 액체, 기체

① (　　　)은/는 우리 주변에서 모이는 다양한 물건을 주로 의미합니다. 예를 들면 빵과 포도주가 있습니다.

② 미다스 왕이 그토록 먹고 싶었던 포도주는 (　　　)이고, 미다스 왕이 정말 좋아했던 반짝이는 금은 (　　　)입니다.

③ 미다스 왕도 시미쌤도 (　　　)인 공기가 없으면 살 수가 없습니다.

✦ 배경 지식 쏙쏙

고체와 액체의 특징에 알맞은 설명을 모두 선으로 연결해 보세요.

① 고체 •　　　　• ㉠ 담는 그릇의 모양에 따라 모양이 변한다.

　　　　　　　• ㉡ 담는 그릇에 관계 없이 모양이 변하지 않는다.

② 액체 •　　　　• ㉢ 담는 그릇에 관계 없이 부피가 변하지 않는다.

⭐ 도전! 글쓰기

우연히 타게 된 타임머신이 미다스 왕이 디오니소스에게 소원을 빌기 바로 직전에 도착했어요. 여러분이라면 미다스 왕에게 어떤 조언을 해줄 건가요?

🧑 민서: 세상에 고체만 있다면 너무 불편할 것 같아.

👧 다미: 사랑하는 공주가 금으로 변하다니! 미다스왕은 많이 슬프고 힘들었을 것 같아.

미다스 왕, 안녕하세요. 제가 누군지 궁금하시죠? 저는 먼 미래에서 온 _____ 라고 해요.

왕께서 디오니소스 님의 스승님을 친절히 도운 이야기를 들었어요. 그런데 소원을 정하시기 전에 제 이야기를 먼저 들어주시면 좋겠어요.

만약 세상의 모든 것이 금으로 변한다면 어떻게 될까요?

_____
_____
_____
_____

그러니 부디 많은 사람들에게 좋은 영향을 줄 수 있도록 현명하게 소원을 비셨으면 좋겠어요!

_____ 드림

• 열두 번째 이야기 •

눈송이가 다 똑같이 생겼다고 생각한다면 오해!

눈이 내려 세상이 온통 하얗게 변한 풍경은 마치 동화 속 세상 같죠. 하얀 세상을 보고만 있어도 마음이 설레요. 그런데 우리가 보기엔 똑같아 보이는 눈도 사실은 하나하나 다른 모양을 가지고 있어요. 작은 차이가 눈송이를 더욱 신비롭고 특별하게 만들어 줘요.

눈송이는 하늘 높은 곳 구름 속에서 만들어지기 시작해요. 그런데 눈송이를 이야기하기 전에, 눈송이와 눈결정이 어떻게 다를까요? 눈결정은 물방울이 얼어서 생긴 아주 작은 얼음 조각이에요. 반면에 눈송이는 이런 눈결정들이 서로 부딪히고 뭉쳐서 만들어진 더 큰 덩어리랍니다. 눈결정이 눈송이를 만드는 재료가 되죠.

구름 속 아주 작은 물방울이 영하의 온도에서 얼기 시작하면 눈결정이 생겨요. 눈결정은 온도와 습도에 따라 모양이 달라져요. 정말 추운 날, 예를 들어 영하 15도 이하에서는 별 모양의 눈결정이 만들어져요. 그리고 습도가 높을수록 눈결정의 가지가 더 섬세하게 뻗어요. 이렇게 만들어진 눈결정들은 서로 모양이 다르기 때문에 하나하나가 독특하고 신비롭게 느껴져요. 이런 다양한 눈결정들이 하늘에서 뭉치고 부딪히면서 눈송이로 바뀌기 시작해요.

눈송이가 땅으로 내려오면서 서로 부딪히면 더 큰 덩어리가 되기도 해요. 온도가 0도 가까이 되면 눈결정의 표면이 살짝 녹아 끈적해지면서 눈송이끼리 더 잘 달라붙어요. 이런 날 내리는 눈은 폭신폭신해서 눈사람을 만들거나 눈싸움을 하기에 딱 좋아요. 특히 바람이 없으면 눈송이가 천천히 내려와 더 크게 뭉쳐지기도 해요.

눈송이와 눈결정은 너무 작아서 맨눈으로 자세히 보기 어려워요. 돋보기를 사용하면 눈결정의 가지가 어떻게 뻗어나가는지 볼

수 있고, 현미경을 사용하면 표면의 결까지 자세히 관찰할 수 있어요. 눈송이를 더 자세히 보고 싶다면 카메라에 특수 렌즈를 달아 확대 촬영을 해보는 방법도 있어요.

눈이 내리는 날, 하늘을 올려다보며 눈송이와 눈결정의 모양을 관찰해 보세요. 눈송이마다 다른 모습을 찾아보는 것만으로도 재미있는 겨울을 보낼 수 있을 거예요!

● 탄탄하게 개념 잡기

· **눈송이**: 눈송이가 구름에서 만들어질 때는 작고 단순한 얼음 결정으로 시작하며 공기의 온도와 습도에 따라 모양이 달라져요. 예를 들면, 영하 15도 이하로 추운 날에는 복잡하고 섬세한 별 모양의 눈송이가 만들어져요. 비교적 덜 추운 날에는 판 모양이나 단순한 모양이 생겨요.

 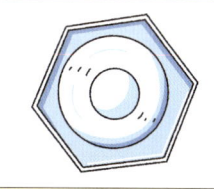 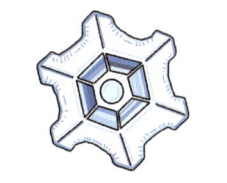

습도가 높을 때 만들어지는 가지 모양의 눈송이 / 가장 기본적인 접시 모양의 눈송이 / 아주 추운 날 만들어지는 별 모양의 눈송이

· **눈결정**: 물방울이 얼어 생긴 작은 얼음 조각을 뜻해요. 여러 개의 눈결정이 모이면 눈송이가 돼요. 눈송이는 하나의 눈결정으로 이루어질 수도 있지만, 보통은 많은 눈결정이 서로 붙어 더 큰 모양을 만들어요. 그래서 눈송이는 크기도 다양하고 모양도 다를 수 있어요.

차근차근 문해력 쌓기

✦ 핵심 어휘 꼭꼭

눈송이에 대한 설명으로 맞으면 O, 그렇지 않다면 X에 동그라미 표시해 보세요.

① 모든 눈송이는 똑같은 모양을 가지고 있습니다. (O / X)

② 영하 15도 이하에서는 별 모양의 눈송이가 만들어집니다. (O / X)

✦ 배경 지식 쑥쑥

하늘에서 시작하는 눈송이의 여정을 바르게 설명한 것에 동그라미 표시를 해 보세요.

① 눈송이는 구름 속에서 물방울이 (차가운 온도에서 얼기 시작하며/ 따뜻한 온도에서 물방울이 증발하며) 만들어진다.

② 눈송이의 모양은 (온도와 습도에 따라서 달라진다/ 주변 환경과 상관없이 그대로이다).

③ 눈송이가 땅에 닿아 온도가 0도에 가까워지면 (눈송이가 사라진다/ 눈송이 표면이 녹아 서로 잘 달라붙는다).

⭐ 도전! 글쓰기

눈송이가 하늘에서 만들어져 땅에 떨어지는 동안 어떤 여행을 하는지 상상하며 만화로 그려 보세요. 말풍선을 활용하면 더 재미있게 이야기를 만들 수 있을 거예요.

🧑‍🦰 **예나:** 눈송이는 구름 속에서 만들어지다가 온도와 습도에 따라 모양이 변해!

🧑 **민서:** 그렇구나! 내가 눈송이가 되어 여행을 떠나는 만화를 그려 보면 재밌을 것 같아!

• 열세 번째 이야기 •

외계인에게 지구를 어떻게 소개할까?

1960~70년대에 사람들은 우주에 직접 가보고 싶다는 꿈을 꾸기 시작했어요. 그리고 마침내 1969년에 미국의 닐 암스트롱, 마이클 콜린스, 버즈 올버린을 태운 아폴로 11호가 달에 착륙하면서 사람이 처음으로 지구가 아닌 다른 우주에 발을 내딛게 되었죠. 이런 가운데 나사(미국항공우주국, NASA)는 보이저 계획을 세워 태양계 너머 먼 우주로 탐사선을 보내기로 했어요.

1977년에 나사는 보이저 2호라는 우주선을 발사했어요. 그리고 이 탐사선이 외계 문명에 의해 발견될 수도 있다는 생각에, 나사의 과학자들과 예술가, 인류학자들이 지구의 모습을 담은 메시지를 디스크에 남기기로 했어요. 이 메시지를 담은 디스크가 바로 **골든 레코드**예요.

이 디스크를 만들기 위해 음악가, 작가, 과학자 등 다양한 분야의 전문가들이 함께 고민했어요. 바로 '우리가 사는 지구를 외계인에게 어떻게 소개하면 좋을까?'라는 질문에 답하기 위해서였죠. 그렇게 완성된 디스크에는 지구의 여러 모습을 담은 115장의 사진과 55

개의 언어로 된 인사말, 아기 웃음소리, 고래의 노래 같은 다양한 소리가 담겼어요. 우리가 만든 음악도 포함되어 있답니다. 이 모든 사진과 소리, 음악은 바로 지구에 사는 생명체들과 우리의 문화를 보여주는 것들이죠. 과학자들은 이 디스크를 외계인이 발견했을 때 '지구에는 이렇게 놀랍고 아름다운 생명들과 사람들이 살고 있구나!'라고 느끼길 바랐어요.

그럼 골든 레코드에는 지구의 어떤 모습이 담겨 있을까요? 세계에서 가장 높은 산인 에베레스트 산의 사진이 있었어요. 눈과 얼음으로 덮여 있고, 햇빛이 산꼭대기에 반사되는 모습이 아주 멋진 산이지요. 또 미국 캔자스주에 있는 넓은 들판도 있었어요. 이곳은 사람들이 농사를 짓기 좋은 땅이랍니다. 물줄기들이 흐르는 강과 호수도 있었어요. 물은 지구의 생명에 아주 중요한 요소니까요. 요세미티 국립공원의 머세드 강과 발리섬에 있는 텐가난 호수도 있었어요. 바다의 사진도 빠지면 안 되겠죠? 넓은 태평양과 대서양,

▼ 세계에서 가장 높은 에베레스트 산

그리고 그곳에 사는 다양한 생물들, 네덜란드의 바덴해 갯벌 사진도 포함되었어요.

언젠가, 누군가 이 디스크를 발견하게 된다면, 지구가 얼마나 아름답고 소중한 곳인지 알게 될 거예요. 여러분이라면 골든 레코드에 지구의 어떤 모습을 담고 싶나요?

● 탄탄하게 개념 잡기

골든 레코드: 외계인들이 지구를 알 수 있도록 특별히 제작해서 우주로 보낸 디스크예요. 사람들의 인사말, 자연의 소리, 그리고 지구의 아름다운 풍경들이 담겨 있어요.

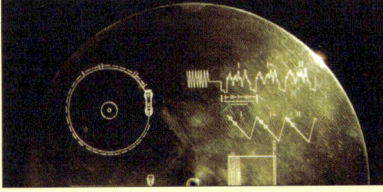
골든 레코드

보이저 2호

골든 레코드에 담겨있던 지구의 모습

산	들판	강
에베레스트 산	캔자스주 밀밭	요세미티 강

호수	바다	갯벌
텐가난 호수	태평양	바덴해 갯벌

차근차근 문해력 쌓기

✦ 핵심 어휘 꼭꼭

골든 레코드와 그 안에 담긴 다양한 지구의 모습을 담은 사진들에 대한 설명으로 옳은 것은 O, 옳지 않은 것은 X에 동그라미 표시해 보세요.

❶ 보이저 2호는 골든 레코드라는 디스크를 가지고 우주로 떠났습니다.
(O / X)

❷ 골든 레코드에는 지구의 다양한 모습을 담은 사진들이 포함되어 있습니다.
(O / X)

❸ 골든 레코드에는 지구의 지형 중 갯벌을 보여주는 사진은 담기지 않았습니다.
(O / X)

✦ 배경 지식 쑥쑥

골든 레코드에 담겨있던 지구의 모습으로 알맞은 것끼리 연결해 보세요.

❶ 에베레스트 **산** •   • ㉠

❷ 바덴해 **갯벌** •   • ㉡

❸ 요세미티 **강** •   • ㉢

⭐ 도전! 글쓰기

다미는 골든 레코드에 대해 배우고 나서, 지구의 멋진 모습을 우주로 보내고 싶어요. 여러분이라면 골든 레코드에 지구의 어떤 모습을 담고 싶나요? 다미를 도와서 산, 들판, 강, 호수, 바다, 갯벌 중 한 가지를 골라서 소개해 볼까요?

예나: 여행하면서 본 아름다운 풍경들을 떠올려 봐. 그곳은 왜 아름다웠을까?

다미: 며칠 전에 가족들과 한강에 갔는데 마음이 편안해지고 물소리가 너무 좋았어. 그래서 다른 사람들에게도 소개하고 싶어!

가족이나 친구들과 함께 우리나라의 이곳저곳을 다니며 굉장히 아름다운 풍경을 보았어요. 산, 들, 강, 호수, 바다, 갯벌 중에서 기억에 남는 장소를 한 곳만 고르는 것이 참 어려웠지만, 그중에서 가장 추억이 많은 곳을 한 곳 골랐어요.

제가 골든 레코드에 담고 싶은 아름다운 지구의 모습은 _____ 입니다. 왜냐하면,

_____

_____

_____

_____

외계인이 이렇게 지구의 모습을 담은 골든 레코드를 보고 지구의 아름다움을 느낄 수 있었으면 좋겠어요.

• 열네 번째 이야기 •

바다에서 살아남으려면 무엇을 피해야 할까?

2014년에 개봉한 미국 영화 〈언브로큰〉은 제2차 세계대전 당시 미국의 올림픽 육상 선수였던 루이스 잠페리니의 생존기를 담고 있어요. 잠페리니는 전쟁 중 비행기 조종사로 활동했는데, 어느 날 비행기가 고장이 나서 바다에 떨어졌어요. 잠페리니와 두 명의 동료는 바다 위 구명보트에서 무려 47일 동안 지내며 바다를 떠돌아야 했어요. 그런데 목이 말라 바닷물을 마시면 이상하게 갈증이 더 심해졌어요. 그래서 바닷물 대신에 비가 올 때마다 빗물을 모아 마셨어요.

▼ 미국의 육상 선수 루이스 잠페리니

또한, 물고기를 잡아 먹으며 물고기 내장에 남은 수분으로 갈증을 해결하기도 했어요. 그러던 어느 날 마침내 멀리서 항공기가 지나가는 소리를 듣고 구조를 요청하여 구조될 수 있었어요. 그렇다면 왜 **바닷물**은 마실 수 없는 걸까요?

바닷물에는 소금 성분이 많아서 마시면 몸속의 소금 농도가 높아져요. 우리 몸은 몸속의 소금 농도를 낮추기 위해 더 많은 양의 물을 필요로 하게 돼요. 그래서 탈수가 일어나고 갈증이 더 심해지죠.

반면에 빗물에는 소금이 거의 없어서 마셔도 안전해요. 그래서 바닷물 대신에 **담수**를 마시는 것이 안전해요. '담수'란 소금기가 거의 없는 물을 말하며 강, 호수, 지하수처럼 우리가 생활에서 이용할 수 있는 물을 말해요. 바닷물과 비교해 짠맛이 없고 마시기에 알맞은 것이 가장 큰 차이점이에요.

하지만 요즘에는 바닷물을 마실 수 있는 방법이 있어요. 바로 **해수 담수화 기술**이랍니다. 해수 담수화는 바닷물 속의 소금을 제거해서 우리가 마실 수 있는 깨끗한 물로 바꿔 주는 기술이에요. 물이 부족한 중동이나 북아프리카 같은 지역에서는 이 기술이 아주 유용하게 쓰이고 있어요. 이곳에는 비가 거의 내리지 않고, 지하수도 부족해서 마실 물이 많지 않아요. 그래서 이 기술로 바닷물을 깨끗한 물로 바꿔서 사람들이 마실 수 있도록 하고 있어요.

또한, 두바이 같은 큰 도시에서도 해수 담수화 기술을 적극적으로 사용하고 있어요. 인구가 점점 늘어나면서 사람들이 사용할 물이 점점 부족해지기 때문이에요.

● 탄탄하게 개념 잡기

- **바닷물:** 바다에 있는 물로, '해수'라고도 해요. 소금이 많이 들어 있어 짜요.
- **담수:** 우리가 마실 수 있는 물을 말해요. 소금이 거의 없는 물이에요. 담수에는 빗물뿐만 아니라 강물, 호수 물, 지하수도 포함돼요. 이 물 속에는 소금이 적어서 우리가 마셔도 안전해요.
- **해수 담수화 기술:** 해수에 있는 소금을 제거해서 깨끗한 물로 바꿔주는 기술이에요. 이 기술 덕분에 물이 부족한 지역에서도 사람들이 안전하게 마실 수 있는 물을 얻을 수 있어요.

✦ 핵심 어휘 꼭꼭

지구에 있는 다양한 물에 대한 설명으로 옳은 것은 ○, 옳지 않은 것은 X에 동그라미 표시해 보세요.

① 바닷물은 소금이 거의 없어서 목이 마를 때 마셔도 괜찮습니다.
(○ / X)

② 빗물은 담수의 한 종류로, 우리가 마실 수 있는 물입니다. (○ / X)

③ 해수 담수화 기술로 바닷물의 소금을 없애 마실 물로 만들 수 있습니다.
(○ / X)

✦ 배경 지식 쑥쑥

다미는 마실 물이 부족한 지역에 해수 담수화 시설에 대해 알려주려고 합니다. 해당 지역에 이 시설이 필요하면 ○, 필요하지 않으면 X에 동그라미 표시해 보세요.

① 북아프리카 사막에 사는 아미르의 마을에는 비가 거의 내리지 않고, 물을 구하기가 어려워요. 이 마을에 해수 담수화 시설이 필요할까요?
(○ / X)

② 중국의 산속 미미의 마을에는 깨끗한 강물이 흐르고 있어요. 이 마을에 해수 담수화 시설이 필요할까요? (○ / X)

③ 브라질 열대우림 맥스의 마을에는 비가 자주 내려서 물을 쉽게 구할 수 있어요. 이 마을에 해수 담수화 시설이 필요할까요?
(○ / X)

⭐ 도전! 글쓰기

여러분이 뉴스 앵커가 되어 루이스 잠페리니의 실화를 소개하는 뉴스 대본을 작성해 볼 거예요. 루이스 잠페리니의 극적인 생존 이야기를 실감나게 소개해 볼까요?

다미: 바다에서 오랜 시간 목이 마르면 아마도 많이 힘들고 지쳤을 것 같아.

예나: 맞아. 소금이 많은 바닷물을 마시지 못해 생존할 수 있을지 더 불안했을 거야.

뉴스 오프닝 음악

아나운서 다미: 안녕하세요, 여러분! 오늘의 특집 뉴스, 아나운서 다미입니다.

앵커: 안녕하세요.   앵커입니다. 오늘은 제2차 세계 대전 당시에 바다에서 살아남은 사람의 놀라운 생존 이야기를 소개합니다.

아나운서 다미: 그 주인공은 바로 미국의 올림픽 육상 선수였던 루이스 잠페리니입니다. 좀 더 자세히 소개해 주시겠어요?

앵커: 루이스 잠페리니가 탄 비행기가 고장이 나서 바다에 떨어졌습니다. 그는 동료들과 함께 바다에서 표류하며 힘든 시간을 보냈습니다.

아나운서 다미: 루이스 잠페리니와 그의 동료들이 어떤 어려움을 겪었나요?

앵커:

아나운서 다미: 세상에! 그런데 그런 어려움 속에서도 루이스 잠페리니와 그의 동료들은 어떻게 문제를 해결했나요?

앵커: 빗물을 모아서 식수로 쓰거나, 물고기를 잡아먹으면서 버텼습니다.

아나운서 다미: 와, 정말 대단합니다. 그런데 일부 시청자들 중에서 바닷물을 먹으면 왜 안 되는지 잘 모르시는 분도 계실 것 같아요. 왜 바닷물을 마시면 안 되는지 간략히 말씀해 주시겠어요?

앵커: 물론입니다!

아나운서 다미: 맞습니다. 말씀하신 것처럼 식수 대신 바닷물을 마시는 것은 우리 몸에 해로울 수 있습니다. 하지만 오늘날에는 바닷물을 우리가 먹을 수 있는 식수로 바꿔 주는 해수 담수화 기술이 개발되어 실생활에 활용되고 있습니다. 지금까지 특집 뉴스를 시청해 주셔서 감사합니다. 다음에도 흥미로운 이야기로 찾아 뵙겠습니다.

앵커: 감사합니다. 안녕히 계세요!

뉴스 클로징 음악

• 열다섯 번째 이야기 •

갯벌이 지구 온난화를 해결한다?

매년 점점 더워지고, 갑자기 많은 비가 내리거나 가뭄이 심해지는 것을 보면 기후가 변하고 있다는 걸 알 수 있어요. 기후 변화를 일으키는 큰 원인 중 하나는 이산화 탄소예요. 지구에 이산화 탄소가 많아지면 지구의 기후는 점점 더 나빠지고, 우리가 살기 어려운 환경이 될 거예요. 쓰레기를 제때 치우지 않으면 집이 점점 더러워지는 것처럼, 이산화 탄소 배출량도 줄이지 않으면 기후 문제는 점점 심해질 거예요.

예전에는 나무가 이산화 탄소를 흡수한다고 해서 숲을 가꾸는 것이 중요하다고 했죠. 그런데 이제는 탄소를 저장하는 또 다른 중요한 자원으로 **갯벌**이 주목받고 있어요.

갯벌은 이산화 탄소를 흡수할 뿐만 아니라 해안을 보호하는 방패 역할도 해요. 바다는 **밀물**과 **썰물**로 높낮이가 계속 변화해요. 밀물은 바닷물이 육지 쪽으로 들어와 해수면이 높아지는 현상이고, 썰물은 바닷물이 빠져나가 해수면이 낮아지는 현상이에요. 갯벌은 해수면의 변화에 따라 물을 저장하고 해안선을 안정시키는 데 도움을 줘요. 파도의 힘을 줄여서 해안이 무너지는 것을 막아주고, 폭풍이나 홍수 같은 자연재해가 일어났을 때 피해를 줄여줘요. 요즘에는 기후 변화로 인해 폭풍이나 홍수가 더 자주 발생하고 있어 갯벌의 역할이 더 중요해졌어요.

갯벌에 있는 칠면초나 갈대 같은 식물들은 이산화 탄소를 아주 잘 흡수해요. 갯벌이 흡수하는 이산화 탄소의 양은 잘 가꾼 숲보다 4배나 많아요. 우리나라 갯벌이 흡수하는 이산화 탄소의 양은 자동차 20만 대가 내뿜는 양과 같다고 해요. 정말 놀랍지 않나요? 갯벌 외에도 해초, 맹그로브 같은 해양 생태계에 저장된 탄소를 ==블루 카본==이라고 해요. 갯벌은 물을 깨끗이 하고, 갯벌에 사는 미생물이나 식물들이 물속의 나쁜 물질인 ==중금속==이나 오염 물질을 정화해요.

우리나라의 갯벌은 2021년에 유네스코 세계유산으로 등재되었어요. 서천, 고창, 신안, 보성, 순천 등 여러 지역의 갯벌은 다양한

101

생물이 살 수 있는 소중한 터전이에요. 그러므로 갯벌을 잘 보존하고 보호하는 것이 매우 중요해요. 앞으로도 우리 모두가 갯벌의 가치를 알고 지켜야 할 거예요.

● 탄탄하게 개념 잡기

- **갯벌**: 갯벌은 바닷물이 빠져나간 후에 드러나는 넓고 평평한 땅이에요. 갯벌에는 진흙이나 모래가 가득하고, 바닷물이 들어왔다 나가요.
- **밀물과 썰물**: 갯벌은 하루에 두 번, 바닷물이 들어오고 나가는 현상이 반복되요. 밀물은 바닷물이 해안 쪽으로 밀려와서 갯벌이 물에 잠기는 현상이에요. 썰물은 바닷물이 다시 빠져나가면서 갯벌이 드러나는 현상이에요. 밀물과 썰물이 있어 갯벌에는 물이 잘 순환되고, 다양한 생물들이 살아갈 수 있는 환경이 만들어져요.

갯벌의 밀물 때 　　　　　　갯벌의 썰물 때

- **블루 카본**: 갯벌, 해초, 맹그로브 숲 같은 해양 생태계에 의해 흡수된 대기 중의 탄소예요.
- **중금속**: 납, 수은, 카드뮴 같은 무거운 금속이에요. 적은 양이라도 몸에 해로울 수 있어요. 갯벌에 사는 미생물과 식물들이 이런 중금속을 흡수하거나 분해해서 환경을 깨끗하게 만들어요.

차근차근 문해력 쌓기

✦ 핵심 어휘 꼭꼭

괄호 안에 알맞는 단어를 <보기>에서 찾아 써 보세요.

> **보기** 갯벌, 블루 카본, 이산화 탄소, 유네스코 세계유산

❶ (　　　　)은/는 바다와 육지 사이에 위치한 습지로, 다양한 생물들이 살고 있으며 이산화 탄소를 많이 흡수합니다.

❷ 우리나라의 일부 갯벌 지역은 (　　　　)으로 등재되어 국제적으로 중요한 곳으로 인정받았습니다.

❸ 갯벌은 (　　　　)을/를 흡수하여 기후 위기를 줄이는 데 큰 역할을 합니다.

❹ (　　　　)은/는 갯벌, 해초, 맹그로브 숲과 같은 해양 생태계가 흡수한 탄소입니다.

✦ 배경 지식 쑥쑥

갯벌의 역할에 대한 설명으로 옳은 것은 ○, 옳지 않은 것은 X에 동그라미 표시해 보세요.

❶ 갯벌은 바닷물이 항상 차 있는 땅입니다.　　　　(○ / X)

❷ 갯벌에 사는 식물들은 이산화 탄소를 흡수하여 지구 온난화를 줄이는 데 도움을 줍니다.　　　　(○ / X)

❸ 갯벌에는 중금속과 같은 오염 물질을 정화하는 기능이 없습니다.
　　　　(○ / X)

❹ 갯벌은 폭풍과 홍수 같은 자연재해를 줄이는 데 도움이 됩니다.

(○ / ×)

⭐ 도전! 글쓰기

지구초등학교 학생들은 갯벌이 지구 온난화를 막는 데 이렇게 큰 역할을 한다는 걸 알고 정말 놀랐어요. 이번에는 지구초등학교 친구들과 함께 갯벌이 얼마나 소중한지 알려주는 글을 써 볼까요?

예나: 갯벌이 지구 온난화를 막는 데 어떤 도움을 줄까?

민서: 갯벌이 중금속 같은 오염 물질까지 처리한다는 점이 정말 인상깊어!

안녕하세요, 친구들! 오늘은 우리가 잘 모르는 갯벌의 놀라운 힘에 대해 이야기해 보려고 해요.

갯벌은 바다와 육지 사이에 있는 넓고 평평한 땅이에요. 밀물 때는 바닷물이 갯벌을 덮고, 썰물 때는 바닷물이 빠지면서 갯벌이 다시 드러나요. 그런데 이 갯벌이 지구를 지키는 중요한 역할을 하고 있다는 사실을 알고 있나요?

갯벌의 좋은 점을 소개하면,

• 열여섯 번째 이야기 •

왜 사람마다 목소리가 서로 다를까?

오랜 기간 방송에 나오지 않다가 갑자기 방송에 나온 가수의 목소리가 예전과 다르게 변한 경우가 종종 있습니다. 평소에 내가 좋아했던 가수라면 안타까운 마음이 들기도 하지요. 이처럼 가수나 선생님처럼 목을 많이 쓰는 사람들은 성대 결절이라는 병에 걸리는 경우가 있어요. 성대 결절은 성대를 너무 많이 사용하거나 잘못된 방법으로 써서 생기는 병이랍니다.

성대는 우리가 말을 하거나 노래할 때 중요한 역할을 해요. 하지만 성대에 상처가 나서 작은 혹이 생기면 목소리가 변하고 쉰 목소리가 나거나, 심하면 아예 목소리가 나오지 않을 수도 있어요. 그래서 가수나 선생님처럼 목소리가 중요한 사람들에게 성대 결절은 정말 큰 문제인 거죠.

목소리가 어떻게 나오는지 생각해 본 적 있나요? 우리 목 안에는 성대라는 두 개의 작은

띠가 있어요. 우리가 말을 하거나 노래를 할 때, 폐에서 올라온 공기가 성대를 지나갈 때 성대를 떨리게 하면서 소리가 발생해요. 우리가 큰 소리를 낼 때는 더 많은 공기가 지나가서 성대가 많이 떨리고, 작은 소리를 낼 때는 공기가 조금만 지나가서 성대가 조금만 떨려요. 이것을 **소리의 세기**라고 하죠.

높은 소리는 성대가 빠르게 떨리고, 낮은 소리는 천천히 떨려서 **소리의 높낮이**가 달라져요. 사람마다 목소리가 다른 이유는 성대의 크기, 두께, 길이가 다르기 때문이에요. 성대가 두껍고 길면 낮고 깊은 목소리가 나고, 성대가 얇고 짧으면 높은 목소리가 나는 것이죠. 이를 **음색**이라고 합니다.

엄마와 아빠의 목소리가 다른 이유도 성대와 관련이 깊어요. 아빠의 성대는 두껍고 길어서 소리를 낼 때 천천히 떨리며 낮고 깊은 소리를 내요. 반면에 엄마의 성대는 얇고 짧아서 빠르게 떨려 높은 소리를 내죠. 이렇듯 성대의 크기와 두께에 따라 소리의 높낮이가 결정돼요.

다양한 소리는 바로 이런 여러 요소들이 모여서 만들어지는 것이에요. 그런데 이런 소리를 직접 만들어내는 사람들도 있어요. 바로 효과음 작가이죠. 효과음 작가는 영화, 게임, 광고 등에서 필요한 소리를 만들어내는 일을 해요. 예를 들어, 영화에서 문이 삐걱거리는 소리를 내기 위해 나무 의자를 밀어 소리를 만들기도 하고, 폭

발음을 만들기 위해 큰 종이 봉투를 터뜨리기도 해요. 게임에서는 캐릭터가 걷는 소리를 신발과 바닥에 맞춰서 녹음하지요.

효과음 작가가 만든 소리 덕분에 우리는 마치 그 장면 속에 있는 것처럼 더 생생하게 느낄 수 있답니다.

● **탄탄하게 개념 잡기**

- **성대:** 소리를 낼 때 떨려서 소리를 만드는 목 안의 작은 띠예요. 말을 하거나 노래 할 때 중요한 역할을 해요.
- **소리의 세기:** 소리가 큰 것은 우리가 성대를 많이 떨리게 할 때이고, 작은 소리는 성대를 조금만 떨리게 할 때 생겨요. 소리의 크기는 데시벨로 기록해요.
- **소리의 높낮이:** 소리의 높낮이는 성대가 얼마나 빨리 떨리는지에 따라 달라져요. 성대가 빨리 떨리면 높은 소리가 나고, 천천히 떨리면 낮은 소리가 나요.
- **음색:** 소리의 독특한 특징이에요. 같은 높낮이와 세기의 소리라도 누구의 목소리 인지, 어떤 악기 소리인지 알 수 있는 이유가 바로 음색 덕분이에요.

✦ 차근차근 문해력 쌓기

✦ 핵심 어휘 꼭꼭

소리가 나는 소리굽쇠와 소리가 나지 않는 소리굽쇠를 물에 대었을 때 나타나는 현상을 선으로 옳게 연결하세요.

❶ 소리가 나는 소리굽쇠 •   • ㉠

❷ 소리가 나지 않는 소리굽쇠 •   • ㉡

✦ 배경 지식 쑥쑥

소리의 세기와 높낮이에 대한 설명으로 옳은 것에는 ○, 옳지 않은 것에는 X에 동그라미 표시하세요.

❶ 소리의 크고 작은 정도를 소리의 세기라고 합니다.   (○ / X)

❷ 소리의 높고 낮은 정도를 소리의 높낮이라고 합니다.   (○ / X)

❸ 물체가 크게 떨리면 작은 소리가 나고, 작게 떨리면 큰 소리가 납니다.
     (○ / X)

❹ 화재경보기나 구급차의 경보음은 높은 소리를 이용해 경고한 예입니다.
     (○ / X)

⭐ 도전! 글쓰기

효과음 작가는 우리가 영화를 보거나 게임을 할 때 생생한 소리를 들을 수 있게 해 주는 아주 중요한 역할을 해요. 오늘은 내가 효과음 작가가 되어 어떤 상황을 더 생생하게 느낄 수 있게 돕는 소리를 만들어 볼까요?

민서: 내가 효과음 작가라면 어떤 소리를 만들 수 있을까?

예나: 나는 새들이 지저귀고, 작은 개울이 졸졸 흐르는 소리를 만들기 위해 작은 방울과 나뭇가지를 이용했어.

효과음 제작을 위한 계획서

먼저, 효과음을 만들고 싶은 상황을 설명할게요.

_____

이때 필요한 효과음은 다음과 같은 방법으로 만들 수 있어요.

_____

• 열일곱 번째 이야기 •

우주에서는 대화를 주고 받을 수 없다?

우리는 어떻게 소리를 들을 수 있을까요? 시미쌤이 여러분에게 말을 걸면, 그 소리는 공기 속을 지나 여러분의 귀로 전달돼요. 마찬가지로 물속에서 친구가 소리를 낸다면 그 소리는 물을 통해 전달돼요. 이처럼 소리는 반드시 공기나 물 같은 매질을 통해 이동해요. 매질은 소리가 지나가는 길이라고 생각하면 돼요. 소리가 전달되려면 반드시 매질이 있어야 해요.

우주에서는 소리를 들을 수 있을까요? 영화 〈그래비티〉에는 우주 비행사들이 우주 쓰레기와 충돌할 때 나는 소리를 듣는 장면이 있어요. 이어서 다른 우주 비행사들이 동료의 외침을 듣고 바삐 피하는 장면도 나오죠. 하지만 실제로는 우주에서 그런 일이 일어날 수 없어요. 왜냐하면 우주는 진공 상태라서 공기나 물 같은 매질이 없기 때문이에요. 따라서 우주에서는 소리를 주고받을 수가 없어요.

우주 비행사들은 우주복을 입고 서로 이야기할 때, 우주복 안에 있는 공기를 통해서만 소리를 들을 수 있어요. 또한, 우주선 내부는 공기로 가득 차 있어서 지구에서처럼 대화할 수 있답니다. 그러나

우주선 밖에서는 소리가 전달되지 않기 때문에 비행사들이 서로 소통할 때는 특별한 장치가 필요해요. 우주에서 안전하게 소통하려면 이런 장치들이 아주 중요해요.

또한, 우주에서는 소리의 반사도 일어나지 않아요. 우주에는 소리가 부딪힐 물체가 없기 때문이죠. 산에서 큰 소리로 "야호!" 외치면 소리가 돌아오는 <mark>소리의 반사</mark> 현상 역시 우주에서는 경험할 수 없어요.

● 탄탄하게 개념 잡기

- **매질:** 소리가 이동할 때 필요한 길이에요. 예를 들어 우리가 말을 하면 소리는 공기를 통해서 전달돼요. 이때 공기가 소리의 매질이 되는 거예요.
- **진공 상태:** 공기나 물 같은 것이 전혀 없는 공간이에요. 지구에는 공기가 있어서 숨도 쉴 수 있고 소리도 들을 수 있지만, 진공 상태에서는 그럴 수 없어요.
- **소리의 반사:** 소리가 가다가 물체에 부딪쳐 되돌아오는 현상이에요. 병원에서 사용하는 초음파 검사도 소리의 반사 원리를 이용해요. 초음파를 몸 안에 보내고 되돌아오는 소리를 통해 몸속의 모습을 알아내는 거예요.

차근차근 문해력 쌓기

✦ 핵심 어휘 꼭꼭

가장 밀접하게 관련이 있는 소리의 성질이 무엇인지 골라 보세요.

- 텅 빈 체육관에서 친구를 부르거나 구령에 맞춰 운동하면 소리가 울림.
- 동굴에서 소리를 내면 목소리가 울려서 다시 들림.
- 공연장 천장과 벽면에 반사판을 설치해서 관객이 소리를 더 잘 들을 수 있도록 함.

❶ 소리의 세기　　　❷ 소리의 전달
❸ 소리의 반사　　　❹ 소리의 흡수
❺ 소리의 높낮이

✦ 배경 지식 쑥쑥

소리의 전달과 반사에 대한 설명으로 옳은 것에는 O, 옳지 않은 것에는 X에 동그라미 표시하세요.

❶ 공기가 없는 달에서도 소리가 잘 전달됩니다.　　(O / X)

❷ 소리가 나아가다가 물체에 부딪쳐 되돌아오는 성질을 소리의 반사라고 합니다.　　(O / X)

❸ 소리는 고체, 액체, 기체와 같은 물질을 통해 전달됩니다.　(O / X)

❹ 산에서 울리는 메아리는 소리의 반사와 밀접한 관련이 있습니다.
　　　　　　　　　　　　　　　　　　　　　　(O / X)

⭐ 도전! 글쓰기

예나, 민서, 다미는 우주 비행사들이 서로 소리를 들으며 대화하려면 특별한 우주복이 필요하다고 생각했어요. 그래서 세 친구는 우주 비행사들이 소리를 들을 수 있게 돕는 우주복을 설계하려고 해요. 여러분이 예나, 민서, 다미를 도와주세요.

예나: 우주에는 공기가 없지만, 우주복 안에는 소리를 전달할 공기가 있어. 우주복에 어떤 장치를 넣으면 좋을까?

다미: 나는 시끄러운 곳에서 통화를 할 때 소리를 더 잘 듣기 위해 이어폰이나 헤드폰을 써!

소리가 들리는 우주복 설계 아이디어 제안서

우주에는 공기가 없어서 소리가 들리지 않아요. 특별한 장치가 없으면 우주 비행사들은 서로의 목소리를 들을 수 없어요.

그래서 우주에서 소리를 들을 수 있도록 돕는 우주복을 만들어 보려고 해요. 만약 우주복에 이런 장치들이 있다면, 우주 비행사들이 우주에서 소리를 들으며 안전하게 임무를 수행할 수 있을 거예요.

_____
_____

우주복에 이런 장치를 만들면, 우주에서도 서로의 목소리를 들을 수 있고, 안전하게 대화할 수 있을 거예요.

• 열여덟 번째 이야기 •

감염병의 확산을 막아낸 과학자를 소개합니다

독감이 유행할 때 친구들이 잇달아 독감에 걸리는 모습을 본 적이 있나요? 이렇게 세균이나 바이러스가 우리 몸에 들어와서 생기는 병을 <mark>감염병</mark>이라고 해요. 요즘은 감염병이 퍼지지 않도록 예방하고 치료하는 방법이 많이 있지만, 옛날에는 그런 방법이 없었어요. 심지어 그리스와 로마 시대에는 병을 신의 벌이라고 생각했답니다. 그래서 신전에서 기도하고 제사를 지내면서 병을 없애려고 했지요. 하지만 이런 방법들은 병을 막지 못했고 오히려 감염병이 더 퍼졌어요.

19세기에 이르러서야 사람들은 과학으로 감염병의 원인을 찾으려는 노력을 시작했어요. 1854년에 <mark>콜레라</mark>라는 무서운 병이 퍼졌을 때, 영국의 존 스노우 의사는 이 병이 어떻게 퍼지는지 알아내기 위해 콜레라에 걸린 사람들이 사는 곳을 지도에 표시했어요. 그러다 콜레라에 걸린 사람들이 공

동으로 사용하는 물 펌프가 있다는 걸 발견했고, 이 펌프에서 나오는 물이 병의 원인이라고 생각했어요. 사람들에게 그 펌프를 사용하지 못하게 하자 콜레라에 걸리는 사람들이 점점 줄어들었어요. 존 스노우가 물이 오염돼서 병이 퍼졌다는 사실을 밝혀낸 거예요.

 이 사건은 지금 우리가 알고 있는 <mark>역학 조사</mark>의 시작이었어요. <mark>역학 조사관</mark>이었던 존 스노우의 연구 이후, 사람들은 감염병이 어떻게 퍼지는지 연구하기 시작했어요. 세균이나 바이러스는 여러 경로를 통해 우리 몸에 들어올 수 있다는 것도 알게 되었지요. 세균이 묻은 손으로 코, 입, 눈을 만지거나 오염된 물을 마시면 몸에 들어올 수 있어요. 또 기침이나 재채기로 나온 침방울이 공기 중에 떠다니다가 다른 사람에게 옮겨질 수도 있기 때문에 감염병을 예방하려면 항상 주의해야 해요.

● 탄탄하게 개념 잡기

- **감염병**: 독감, 감기, 식중독 등 세균이나 바이러스 같은 작은 생물이 우리 몸에 들어와서 생기는 병이에요.
- **콜레라**: 더러운 물이나 음식을 먹으면 걸릴 수 있는 병이에요. 콜레라에 걸리면 심한 설사와 구토를 하게 되고, 빨리 치료하지 않으면 위험할 수 있어요.
- **역학 조사**: 병이 어디서 시작되었고, 어떻게 퍼졌는지 알아보는 조사 과정이에요. 이를 통해 병이 더 퍼지지 않도록 막을 수 있어요.
- **역학 조사관**: 병이 퍼지는 원인을 찾고 사람들이 병에 걸리지 않도록 예방하는 일을 하는 사람이에요.

✦ 핵심 어휘 꼭꼭

존 스노우 의사가 콜레라가 퍼지게 된 원인을 조사한 과정을 올바르게 나열해 보세요.

(가) 존 스노우는 콜레라에 걸린 사람들이 어디에 살고 있는지를 지도에 표시했습니다.

(나) 존 스노우의 노력으로 콜레라에 걸리는 사람들이 점점 줄어들기 시작했습니다.

(다) 존 스노우는 사람들이 콜레라에 걸리지 않도록 공용 물 펌프를 사용하지 못하게 막았습니다

(라) 존 스노우는 콜레라에 걸린 사람들이 공동으로 이용한 물 펌프가 있다는 것을 발견했습니다.

(→ → →)

✦ 배경 지식 쑥쑥

생활 속 감염병 사례로 적절한 것을 찾아 ○ 표시해 보세요.

독감	비만	수두	식중독	코로나 바이러스

⭐ 도전! 글쓰기

다미는 코로나 바이러스, 결막염, 독감 등 여러 가지 감염병이 퍼지고 있는 요즘, 감염병의 확산을 막고 사람들의 건강을 지키는 일을 하는 역학 조사관이 필요하다고 생각했어요. 그래서 다미는 첫 번째 역학 조사관이었던 존 스노우와 인터뷰하는 상상을 했어요. 여러분도 인터뷰 글을 써 보세요.

다미: 역학 조사관은 감염병이 어디서 시작되고 어떻게 퍼지는지 조사하여 알아내는 사람들이야!

예나: 역학 조사를 통해 사람들이 더 이상 아프지 않게 막고 감염병이 퍼지지 않도록 도와줘!

뉴스 오프닝 음악

다미: 안녕하세요! 기자 다미입니다. 오늘은 특별한 손님을 모셨습니다. 바로 콜레라를 막는 데 큰 역할을 하신 존 스노우 선생님입니다.

존 스노우: 안녕하세요, 사람들이 건강하게 살 수 있도록 돕는 의사 존 스노우입니다.

다미: 반갑습니다, 존 스노우 선생님! 콜레라가 어떻게 퍼지는지 알아내기 위해 특별한 방법을 쓰셨다고 들었는데, 어떤 방법을 사용하셨나요?

존 스노우: 콜레라에 걸린 사람들이 어디에 사는지 지도에 표시하여 콜레라가 어떤 경로로 퍼졌는지 알 수 있었답니다.

다미: 와! 정말 똑똑한 방법이에요. 그럼 선생님의 연구로 콜레라의 전염을 막았을 때 기분이 어떠셨나요?

존 스노우:

다미: 정말 멋진 이야기예요! 이제 마지막 질문입니다. 역학 조사관이 되고 싶은 어린이들에게 해 주고 싶은 말씀이 있으신가요?

존 스노우: 먼저 용기와 열정을 가지고 열심히 공부하는 어린이들을 응원합니다!

다미: 오늘은 존 스노우 선생님을 모시고 콜레라 예방을 위해 노력하셨던 일과 역학 조사관이 되고 싶은 어린이들에게 필요한 점들을 들어보았습니다. 뉴스를 마칩니다. 감사합니다.

뉴스 클로징 음악

부록

- 정답
- 모범 답안
- 교과 연계표

✦ 첫 번째 이야기

• 교과서는 이런 부분을 강조해요 •

[3학년 1학기 1단원] 일상생활에서 힘과 관련된 현상에 흥미를 갖고, 물체를 밀거나 당길 때 나타나는 현상을 관찰할 수 있다.

핵심 어휘 꼭꼭 ① ○ ② ○ ③ ○

배경 지식 쏙쏙 ① 무거운 상자 ② 무거운 수레 ③ 교과서가 가득 찬 가방

• 모범 답안 •

학교를 마치고 집에 오는 길에 다미와 '힘'에 대한 이야기를 나눴다. 오후에는 엄마와 마트에 가서 장을 보는데 카트 안에 물건이 많아지니까 카트를 밀기가 어려웠다.

하루 종일 내가 힘을 사용한 순간들이 여러 번 있었다. 가장 먼저, 학교에 가기 전에 힘을 사용한 순간을 떠올려 보면

> 아침에 일어나 이불을 갤 때였다. 학교에 가려고 무거운 가방을 들어 어깨에 멜 때에도 힘이 필요했다.

학교에서 힘을 사용한 순간을 떠올려 보면

> 교실에 도착해서 문을 여는 데도 약간의 힘이 필요했다. 체육 시간에는 공놀이와 줄넘기를 할 때 힘을 사용했다. 공을 차려면 다리에 힘을 줘야 했고, 친구와 줄넘기를 할 때도 줄을 돌리기 위해 손과 팔에 힘을 줘야 했다. 공을 멀리 찰수록, 줄을 빨리 돌릴수록 더 많은 힘이 필요했다.
>
> 점심 시간에 급식판을 들고 음식을 옮길 때도 힘을 사용했다. 쟁반이 무거워질수록 손에 더 많은 힘이 필요했다.

물건을 움직이게 하거나 멈추게 할 때 힘이 꼭 필요하다는 사실을 깨달았다. 앞으로도 힘을 사용하는 때는 언제이고, 어떻게 사용하는지 잘 관찰해야겠다.

✦ 두 번째 이야기

(• 교과서는 이런 부분을 강조해요 •)

[3학년 1학기 1단원] 수평잡기 활동을 통해 물체의 무게를 비교할 수 있다.

[3학년 1학기 1단원] 무게를 정확히 비교하기 위해서는 저울이 필요함을 알고, 저울을 사용해 무게를 비교할 수 있다.

(핵심 어휘 꼭꼭) ① 수박 ② 파인애플 (배경 지식 쑥쑥) ①✕ ②○ ③○

(• 모범 답안 •)

우리의 일상에서 무게를 재는 일이 많아요. 예를 들어

집에서 빵을 구울 때 재료의 무게를 저울로 재요. 시장에서 과일을 살 때 원하는 만큼 무게를 재서 값을 계산해요.

무게는 다양한 상황에서 중요한 역할을 해요. 앞으로도 다양한 물건의 무게를 여러 방법으로 재면서 비교해 봐야겠어요.

✦ 세 번째 이야기

(• 교과서는 이런 부분을 강조해요 •)

[3학년 1학기 1단원] 지렛대와 같은 도구나 빗면을 이용하면 물체를 들어 올릴 때 드는 힘의 크기가 달라짐을 알고, 이러한 도구가 일상생활에서 어떻게 쓰이는지 조사하여 공유할 수 있다.

(핵심 어휘 꼭꼭) ①○ ②○ ③✕ (배경 지식 쑥쑥) ①○ ②○ ③○

(• 모범 답안 •)

일상생활에서 지렛대나 빗면의 원리를 활용한 대표적인 물건은 병뚜껑 따개입니다. 이 원리를 활용한 이유는 단단히 닫힌 병뚜껑을 열려면 손에 힘이 많이 들고 잘 열리지 않지만 지렛대의 원리를 활용한 병뚜껑 따개를 이용하면 작은 힘으로도 쉽게 열 수 있기 때문입니다.

청동기 시대에 무거운 고인돌을 옮기기 위해 지렛대와 빗면의 원리를 이용한 것처럼, 우리도 일상에서 큰 힘이 필요할 때 다양한 원리와 도구를 활용하는 자세가 필요합니다.

✦ 네 번째 이야기

• 교과서는 이런 부분을 강조해요 •

[3학년 1학기 2단원] 여러 가지 동물을 관찰하여 특징에 따라 동물을 분류할 수 있다.

[3학년 1학기 2단원] 다양한 환경에 서식하는 동물을 조사하여 동물의 생김새와 생활 방식이 환경과 관련되어 있음을 설명할 수 있다.

핵심 어휘 꼭꼭 ① 악취 ② 방어 동물 ③ 방어 수단   배경 지식 쏙쏙 ① ㄷ ② ㄱ, ㅁ ③ ㄴ, ㄹ

• 모범 답안 •

문어가 사는 곳:

문어는 주로 바위틈이나 산호초 (어디)에 사는 편입니다.

문어가 만난 위험:

그런데 바다를 헤엄치던 문어가 상어 (어떤 포식자)을/를 만났습니다.

문어의 대처 방법:

문어가 깜짝 놀라서 물을 뿜고 재빨리 바위틈으로 몸을 숨겼습니다.(어떻게 대처했나) 그 결과 문어는 위험에서 빠져나올 수 있었습니다.

결과:

문어는 무사히 바위틈 (어디)로/으로 다시 돌아갔답니다.

✦ 다섯 번째 이야기

• 교과서는 이런 부분을 강조해요 •

[3학년 1학기 3단원] 다양한 환경에 서식하는 동물을 조사하여 동물의 생김새와 생활 방식이 환경과 관련되어 있음을 설명할 수 있다.

핵심 어휘 꼭꼭   ① 영구 동토층 ② 멸종 ③ 빙하기   배경 지식 쏙쏙   ① X ② O ③ O

• 모범 답안 •

이번에 러시아 시베리아 지역에서 발견된 매머드(야나)는 (어떤 동물인가?)

> 긴 코와 복슬복슬한 털을 가진, 코끼리와 닮은 동물이에요. 하지만 매머드는 아주 오래전에 살았던 동물이라 지금은 볼 수 없어요. 야나의 키는 약 1.2미터, 몸 길이는 2미터, 몸무게는 180킬로그램이에요. 코, 귀, 입, 눈의 모습이 거의 완벽하게 보존되어 있어요.

아기 매머드 야나가 발견된 까닭은 (어떻게 발견되었을까?)

> 기후 변화 때문이에요. 야나는 러시아 시베리아의 야쿠티야라는 곳에서 발견되었어요. '바타가이카'라는 지역의 영구 동토층 속에 묻혀 있다가 여름에 얼음이 녹으면서 드러났어요.

영구 동토층이란 (무엇인가?)

> 땅 속이 1년 내내 0도 이하의 언 상태로 있는 지층이에요. 영구 동토층은 매머드뿐 아니라 과거의 기온, 공기, 그리고 생태계 정보를 담고 있어요. 과학자들은

이런 정보를 통해 빙하기의 기후와 생태계를 연구하고, 오늘날 지구 환경을 보호하는 데 활용해요. 과거의 지구의 환경을 이해하면, 현재의 환경 문제를 해결하는 데도 큰 도움이 돼요.

✦ 여섯 번째 이야기

• 교과서는 이런 부분을 강조해요 •

[3학년 1학기 3단원] 다양한 환경에 서식하는 식물을 조사하여 식물의 생김새와 생활 방식이 환경과 관련되어 있음을 설명할 수 있다.

핵심 어휘 꼭꼭 ①○ ②✕ ③○   배경 지식 쏙쏙 강아지풀

• 모범 답안 •

안녕하세요, '사막 생물의 생존 비결'에 대한 기사를 쓴 시미입니다.

오늘은 사막에서 잘 적응하여 사는 사막여우를 모시고 대화를 나누겠습니다.

안녕하세요, 먼저 귀한 시간 내주셔서 감사합니다.

사막여우 님께 질문을 하나 드리겠습니다.

사막은 매우 덥고 물도 부족한데, 사막여우 님은 어떻게 그런 환경에서 살아남을 수 있었나요?

안녕하세요, 좋은 질문이에요. 질문에 대한 답을 하자면

저는 더운 날씨를 피하기 위해 낮에는 시원한 굴속에서 지내고 밤에 주로 활동해요. 그리고 물을 많이 마실 필요가 없도록 활동 반경을 최대한 줄여 불필요한 에너지 소비를 막고 있어요.

네, 그렇군요. 인터뷰에 응해 주셔서 정말 감사합니다! 덕분에 사막에 사는 생물들이 어떻게 살아가는지 잘 알게 된 시간이었습니다.

✦ 일곱 번째 이야기

• 교과서는 이런 부분을 강조해요 •

[3학년 1학기 3단원] 다양한 환경에 서식하는 식물을 조사하여 식물의 생김새와 생활 방식이 환경과 관련되어 있음을 설명할 수 있다.

핵심 어휘 꼭꼭 ① ○ ② ✕ ③ ○ **배경 지식 쑥쑥** ① 자연 재료로 장식 만들기 ② 폐휴지로 만든 장식으로 트리 꾸미기 ③ 구상나무 숲 보호 캠페인에 참여하기

• 모범 답안 •

우리나라에서 점차 사라지고 있는 구상나무를 보호하기 위해 지금 우리가 할 수 있는 일을 생각해 보았어요.

> 플라스틱 트리를 사는 대신에 자연 재료로 크리스마스 장식을 만들어요. 또, 구상나무를 베지 않고 숲을 보호하는 캠페인에 참여하는 것도 좋은 방법이에요.

20년 후의 크리스마스는 아마도

> 사람들이 모두 자연을 잘 보호해서 숲이 더 푸르게 변한 모습일 거예요. 구상나무가 한라산과 지리산에 다시 많아져서 진짜 나무로 크리스마스트리를 꾸밀 수 있을 거예요. 그리고 가족이 직접 만든 장식들이 달려 있을 거예요. 20년 후의 크리스마스는 더 따뜻하고 특별해질 것 같아요!

✦ 여덟 번째 이야기

● 교과서는 이런 부분을 강조해요 ●

[3학년 1학기 3단원] 여러 가지 식물을 관찰하여 특징에 따라 분류할 수 있다.

핵심 어휘 꼭꼭 ① 늪 ② 적응 ③ 공기 주머니, 방수 세포층
배경 지식 쏙쏙 ① 색 ② 집 ③ 수생식물

● 모범 답안 1 ●

저는 검정말과/와 나사말을/를 같은 묶음으로 분류했습니다.

제가 발견한 공통점은

> 검정말과 나사말 모두 '물속에서 사는 식물'이라는 점입니다. 그래서 두 식물을 같은 환경에서 사는 수생식물로 분류하였습니다.

식물을 분류할 때 처음에는 조금 헷갈렸지만 특징을 하나씩 찾아보니 비슷한 점들을 쉽게 발견할 수 있었습니다. 또 다양한 식물들이 서로 다른 환경에서 어떻게 자라는지 알게 되었습니다.

● 모범 답안 2 ●

저는 부레옥잠과/와 개구리밥을/를 같은 묶음으로 분류했습니다.

제가 발견한 공통점은

> 부레옥잠과 개구리밥은 모두 "물에 떠서 사는 식물"이라는 점입니다. 부레옥잠은 잎자루에 공기 주머니가 있어서 물에 뜰 수 있고 개구리밥은 잎의 크기가 작지만 번식 속도가 매우 빨라서 금방 물 위를 덮어 물에 떠서 삽니다. 그래서 이 두 식물을 같은 묶음으로 분류했습니다.

식물을 분류할 때 처음에는 조금 헷갈렸지만 특징을 하나씩 찾아보니 비슷한 점들을 쉽게 발견할 수 있었습니다. 또 다양한 식물들이 서로 다른 환경에서 어떻게 자라는지 알게 되었습니다.

✦ 아홉 번째 이야기

• 교과서는 이런 부분을 강조해요 •

[3학년 1학기 4단원] 동물의 한살이를 직접 관찰하고, 관찰한 내용을 글과 그림으로 표현할 수 있다.

[3학년 1학기 4단원] 생물의 한살이 과정을 조사하여 생물에 따라 한살이의 유형이 다양함을 소개하는 자료를 만들어 공유할 수 있다.

핵심 어휘 꼭꼭 ① 누에 ② 한해살이, 여러해살이 ③ 한살이
배경 지식 쑥쑥 (가) → (다) → (나) → (라)

• 모범 답안 •

비단 제작 안내서

비단은 왕실에서 아주 중요한 옷을 만들 때 사용했던 귀한 옷감입니다. 좋은 비단을 만들기 위해서는 누에를 잘 돌보는 일이 정말 중요합니다. 그래서 지금부터 누에가 어떻게 자라고, 비단이 어떻게 만들어지는지 설명하겠습니다.

누에를 잘 기르려면 정성과 인내가 필요합니다. 누에의 한살이를 쉽게 설명하면

> 먼저 누에 나방이 알을 낳습니다. 이 알은 작은 애벌레로 변합니다. 애벌레는 뽕나무 잎을 먹고 빠르게 자라며, 다섯 번의 탈피 과정을 거치며 점점 몸집이 커집니다. 마지막에는 몸을 실로 감아서 고치를 만드는데, 이 고치 안에서 번데기가 되고 나중에 나방이 됩니다.

비단을 만들기 위해서는 누에가 만든 고치가 아주 중요합니다. 고치를 물에 넣고 실을 뽑아내서 비단실을 만듭니다. 이 실로 비단을 만듭니다.

누에를 잘 돌보고, 고치를 잘 관리하는 것이 좋은 비단을 만드는 데 아주 중요합니다. 여러분도 중전마마의 뜻에 따라 멋진 비단을 만들어 보세요!

✦ 열 번째 이야기

● 교과서는 이런 부분을 강조해요 ●

[3학년 1학기 3단원] 식물이 자라는 데 필요한 조건을 찾는 실험을 설계하여 수행할 수 있다.

핵심 어휘 꼭꼭   ㉠ : 물   배경 지식 쑥쑥   ㉡: 햇빛이 잘 드는 유리상자   ㉢: 햇빛이 들지 않는 어둠 상자

● 모범 답안 ●

예나에게

예나야, 삼촌이 선물한 몬스테라 알보를 잘 키우고 싶어 하는 네 마음이 참 멋지구나! 식물을 키울 때 몇 가지 중요한 점이 있으니 꼭 기억할 수 있도록 쉽게 설명해 주마. 제일 먼저,

> 몬스테라 알보에 물을 너무 자주 주면 뿌리가 썩을 수 있으니 물을 줄 때는 겉흙이 충분히 마른 후에 주는 게 좋아. 또한, 이 식물은 물이 잘 빠지는 흙을 사용해야 해. 배수가 잘 되지 않으면 물이 고여서 뿌리가 상할 수 있어. 햇빛도 중요해. 몬스테라 알보는 강한 햇빛을 직접 쐬기보다는 간접적인 빛을 좋아해. 창가에 두되 잎이 타지 않도록 커튼을 쳐서 부드러운 빛을 받게 해주는 게 좋아.

예나야, 삼촌이 알려준 이 세 가지 주의사항을 잘 기억하고 몬스테라 알보를 잘 돌봐 줘. 그럼 몬스테라 알보가 예쁘고 건강하게 자랄 거야!

예나를 사랑하는 삼촌이

✦ 열한 번째 이야기

• 교과서는 이런 부분을 강조해요 •

[3학년 2학기 1단원] 물체를 이루는 여러 가지 물질의 성질을 비교하고, 물질의 종류에 따라 물체를 분류할 수 있다.

[3학년 2학기 1단원] 물질의 세 가지 상태인 고체, 액체, 기체의 성질을 관찰하여 비교할 수 있다.

핵심 어휘 꼭꼭 물질, 액체, 고체, 기체   배경 지식 쏙쏙 ① ㄴ, ㄷ ② ㄱ

• 모범 답안 •

미다스 왕, 안녕하세요. 제가 누군지 궁금하시죠? 저는 먼 미래에서 온 다미라고 해요.

왕께서 디오니소스 님의 스승님을 친절히 도운 이야기를 들었어요. 그런데 소원을 정하시기 전에 제 이야기를 먼저 들어주시면 좋겠어요.

만약 세상의 모든 것이 금으로 변한다면 어떻게 될까요?

> 예를 들어, 왕께서 음식을 만지면 바로 금으로 변해서 드실 수 없게 될 거예요. 사랑하는 가족과 친구들도 금으로 변해버릴 수 있어요. 온 세상이 금으로 반짝이겠지만 행복하지 않을 거예요.

그러니 부디 많은 사람들에게 좋은 영향을 줄 수 있도록 현명하게 소원을 비셨으면 좋겠어요!

다미 드림

✦ 열두 번째 이야기

● 교과서는 이런 부분을 강조해요 ●

[3학년 2학기 1단원: 물체와 물질] 물질의 세 가지 상태인 고체, 액체, 기체의 성질을 관찰하여 비교할 수 있다.

핵심 어휘 꼭꼭 ①X ②X ③O   배경 지식 쏙쏙 ① 차가운 온도에서 얼기 시작하며 ② 온도와 습도에 따라서 달라진다. ③ 눈송이 표면이 녹아 서로 잘 달라붙는다.

● 모범 답안 ●

1컷:

구름 속에서 눈송이가 태어나는 장면
- **눈송이 1:** "안녕! 나는 구름 속에서 태어난 작은 얼음 결정이야!"
- **눈송이 2:** "우와! 주변에 수증기가 붙으면서 점점 자라고 있어! 멋진 모양이 될 것 같아!"

2컷:

눈송이가 하늘에서 떨어지며 여행을 시작하는 장면
- **눈송이 1:** "이제 구름을 떠나 하늘을 여행해 볼까? 바람이 나를 천천히 아래로 데려가네!"
- **눈송이 1:** "어? 습도가 높아서 내 가지가 점점 길어지고 섬세해지는 것 같아!"

3컷:

눈송이가 따뜻한 공기를 만나 변하는 장면
- **눈송이 1:** "앗! 따뜻한 공기를 만났어! 조금 녹는 것 같은데 괜찮을까?"

- **눈송이 2**: "하지만 다시 차가운 바람을 만나서 원래대로 굳어졌어. 다행이다!"

4컷:

눈송이가 땅에 닿아 마지막 여정을 마치는 장면
- **눈송이 2**: "드디어 땅에 도착했어! 다른 눈송이들과 만나서 큰 눈덩이가 될지도 몰라!"
- **눈송이 1**: "나의 여행은 끝났지만, 지금부터 새로운 이야기가 시작되겠지? 겨울은 정말 특별해!"

✦ 열세 번째 이야기

• 교과서는 이런 부분을 강조해요 •

[3학년 2학기 2단원] 지구가 대기로 둘러싸여 있음을 알고, 지구 표면을 구성하는 육지와 바다의 특징을 비교할 수 있다.

핵심 어휘 꼭꼭 ① ○ ② ○ ③ ✕   배경 지식 쑥쑥 ① ㄴ ② ㄷ ③ ㄱ

• 모범 답안 •

가족이나 친구들과 함께 우리나라의 이곳저곳을 다니며 굉장히 아름다운 풍경을 보았어요. 산, 들, 강, 호수, 바다, 갯벌 중에서 기억에 남는 장소를 한 곳만 고르는 것이 참 어려웠지만, 그중에서 가장 추억이 많은 곳을 한 곳 골랐어요.

제가 골든 레코드에 담고 싶은 아름다운 지구의 모습은 <u>바다</u>입니다. 왜냐하면,

> 작년에 가족과 함께 바다에 갔었는데 정말 아름다웠어요. 바닷물이 맑고 푸르렀고, 귓가에 들리는 파도 소리에 가슴이 시원해지는 것 같았어요. 또 바다를

보고 있으니 마음이 편안해지고, 마치 제가 무한한 가능성을 가진 것처럼 느껴졌어요. 외계인도 넓은 바다와 그 안에 사는 다양한 생명체들을 보면 지구가 얼마나 멋진 곳인지 알게 될 거예요.

외계인이 지구의 모습을 담은 골든 레코드를 보고 지구의 아름다움을 느낄 수 있었으면 좋겠어요.

✦ 열네 번째 이야기

• 교과서는 이런 부분을 강조해요 •

[3학년 2학기 2단원] 바닷물의 특징을 육지의 물과 비교하고, 바닷가에서 볼 수 있는 다양한 지형을 조사할 수 있다.

핵심 어휘 쏙쏙 ①✕ ②○ ③○   배경 지식 쏙쏙 ①○ ②✕ ③✕

• 모범 답안 •

뉴스 오프닝 음악

아나운서 다미: 안녕하세요, 여러분! 오늘의 특집 뉴스, 아나운서 다미입니다.

앵커: 안녕하세요. 김나나 앵커입니다. 오늘은 제2차 세계대전 당시에 바다에서 살아남은 사람의 놀라운 생존 이야기를 소개합니다.

아나운서 다미: 그 주인공은 바로 미국의 올림픽 육상 선수였던 루이스 잠페리니입니다. 좀 더 자세히 소개해 주시겠어요?

앵커: 루이스 잠페리니가 탄 비행기가 고장이 나서 바다에 떨어졌습니다. 그는 동료들과 함께 바다에서 표류하며 힘든 시간을 보냈습니다.

아나운서 다미: 루이스 잠페리니와 그의 동료들이 어떤 어려움을 겪었나요?

앵커: 네, 그들은 비행기의 고장으로 바다에 표류하게 되었고 구명보트에 타고 있었지만 마실 물이 없어서 매우 힘들었습니다. 바닷물은 짜기 때문에 마시면 더 갈증이 나고 탈수 증상이 생길 수 있어 마실 수 없었습니다.

아나운서 다미: 세상에! 그런데 그런 어려움 속에서도 루이스 잠페리니와 그의 동료들은 어떻게 문제를 해결했나요?

앵커: 빗물을 모아서 식수로 쓰거나, 물고기를 잡아먹으면서 버텼습니다.

아나운서 다미: 와, 정말 대단합니다. 그런데 일부 시청자들 중에서 바닷물을 먹으면 왜 안 되는지 잘 모르시는 분도 계실 것 같아요. 왜 바닷물을 마시면 안 되는지 간략히 말씀해 주시겠어요?

앵커: 물론입니다! 바닷물에는 나트륨이 아주 많이 있습니다. 그래서 삼투압 현상으로 몸에 있던 수분이 빠져나가 더 많은 물을 필요로 하게 됩니다. 몸에 수분이 부족해지고, 갈증이 더 심해지기 때문에 바닷물은 절대 마시면 안 됩니다.

아나운서 다미: 맞습니다. 말씀하신 것처럼 식수 대신 바닷물을 마시는 것은 우리 몸에 해로울 수 있습니다. 하지만 오늘날에는 바닷물을 우리가 먹을 수 있는 식수로 바꿔 주는 해수 담수화 기술이 개발되어 실생활에 활용되고 있습니다. 지금까지 특집 뉴스를 시청해 주셔서 감사합니다. 다음에도 흥미로운 이야기로 찾아 뵙겠습니다.

앵커: 감사합니다. 안녕히 계세요!

뉴스 클로징 음악

✦ 열다섯 번째 이야기

• 교과서는 이런 부분을 강조해요 •

[3학년 2학기 2단원] 밀물과 썰물의 차이를 알고, 갯벌의 가치와 보전의 필요성을 설득하고, 홍보할 수 있다.

핵심 어휘 쏙쏙   ① 갯벌 ② 유네스코 세계유산 ③ 이산화 탄소 ④ 블루카본
배경 지식 쏙쏙   ① ✕ ② ◯ ③ ✕ ④ ◯

• 모범 답안 •

안녕하세요, 친구들! 오늘은 우리가 잘 모르는 갯벌의 놀라운 힘에 대해 이야기해 보려고 해요.

갯벌은 바다와 육지 사이에 있는 넓고 평평한 땅이에요. 밀물 때는 바닷물이 갯벌을 덮고, 썰물 때는 바닷물이 빠지면서 갯벌이 다시 드러나요. 그런데 이 갯벌이 지구를 지키는 중요한 역할을 하고 있다는 사실을 알고 있나요?

갯벌의 좋은 점을 소개하면,

> 갯벌은 이산화 탄소라는 공기 중의 나쁜 물질을 많이 흡수해요. 이산화 탄소가 많아지면 지구가 점점 더워지는데, 갯벌이 흡수함으로써 막아줘요. 갯벌에 사는 식물들은 숲보다도 더 많은 이산화 탄소를 흡수할 수 있어서, 갯벌이 있으면 지구 온난화 속도를 줄일 수 있어요.

✦ 열여섯 번째 이야기

• 교과서는 이런 부분을 강조해요 •

[3학년 2학기 3단원] 여러 가지 물체를 이용하여 소리를 내보고, 소리가 나는 물체는 떨림이 있음을 설명할 수 있다.

[3학년 2학기 3단원] 큰 소리와 작은 소리, 높은 소리와 낮은 소리를 구분하고, 세기와 높낮이가 다른 소리를 낼 수 있다.

핵심 어휘 꼭꼭 ① ㄴ ② ㄱ 배경 지식 쑥쑥 ① ○ ② ○ ③ × ④ ○

• 모범 답안 •

효과음 제작을 위한 계획서

먼저, 효과음을 만들고 싶은 상황을 설명할게요.

> 우주 비행사가 우주에서 별똥별이 지나가는 것을 보고 "우와!" 하고 감탄하는 소리를 효과음으로 만들고 싶어요.

이때 필요한 효과음은 다음과 같은 방법으로 만들 수 있어요.

> 우선, 별똥별이 지나가는 소리를 표현하기 위해 작은 종이나 은박지를 흔들어서 반짝이는 느낌을 낼 거예요. 그리고 직접 우주 비행사의 "우와!" 소리를 녹음해서 넣을 거예요. 마지막으로 약간의 메아리 효과를 주어서 우주의 신비로운 분위기를 더할 거예요.

✦ 열일곱 번째 이야기

• 교과서는 이런 부분을 강조해요 •

[3학년 2학기 3단원] 여러 가지 물질을 통하여 소리가 전달되는 것을 관찰하고, 소음을 줄이는 방법을 찾아 일상생활에서 실천할 수 있다.

핵심 어휘 꼭꼭 ③ 배경 지식 쑥쑥 ① × ② ○ ③ ○ ④ ○

• 모범 답안 •

소리가 들리는 우주복 설계 아이디어 제안서

우주에는 공기가 없어서 소리가 들리지 않아요. 특별한 장치가 없으면 우주비행사들은 서로의 목소리를 들을 수 없어요.

그래서 우주에서 소리를 들을 수 있도록 돕는 우주복을 만들어 보려고 해요. 만약 우주복에 이런 장치들이 있다면, 우주 비행사들이 우주에서 소리를 들으며 안전하게 임무를 수행할 수 있을 거예요.

> 우주복에 소리를 전달하는 '진동 감지 센서'와 '내장 스피커'를 넣으면 좋겠어요. 진동 감지 센서는 우주 비행사가 말을 할 때 목소리의 진동을 감지해서 소리로 바꿔 주고, 내장 스피커는 그 소리를 다른 비행사가 들을 수 있도록 해요.
>
> 또한, 우주복에 '무선 통신 장치'를 넣어서 먼 거리에서도 쉽게 대화할 수 있도록 해요. 무선 통신은 소리가 진공 상태에서도 전달될 수 있도록 도와줄 거예요.

우주복에 이런 장치를 만들면, 우주에서도 서로의 목소리를 들을 수 있고, 안전하게 대화할 수 있을 거예요.

✦ 열여덟 번째 이야기

`• 교과서는 이런 부분을 강조해요 •`

[3학년 2학기 4단원] 생활 속 감염병의 사례를 알고, 다양한 질병과 그 위험성에 대해 토의할 수 있다.

[3학년 2학기 4단원] 감염병으로부터 안전한 사회에 관심을 가지고, 여러 감염 과정을 통해 생활 습관과 감염병 유행과의 연관성을 설명할 수 있다.

[3학년 2학기 4단원] 건강한 생활을 위해 필요한 감염병 예방 수칙을 공유하고, 생활 속에서 실천할 수 있다.

`핵심 어휘 꼭꼭` (가) → (라) → (다) → (나)   `배경 지식 쏙쏙` ① ○ ② ○ ③ ✕ ④ ○

`• 모범 답안 •`

뉴스 오프닝 음악

다미: 안녕하세요! 기자 다미입니다. 오늘은 특별한 손님을 모셨습니다. 바로 콜레라를 막는 데 큰 역할을 하신 존 스노우 선생님입니다.

존 스노우: 안녕하세요, 사람들이 건강하게 살 수 있도록 돕는 의사 존 스노우입니다.

다미: 반갑습니다, 존 스노우 선생님! 콜레라가 어떻게 퍼지는지 알아내기 위해 특별한 방법을 쓰셨다고 들었는데, 어떤 방법을 사용하셨나요?

존 스노우: 콜레라에 걸린 사람들이 어디에 사는지 지도에 표시하여 콜레라가 어떤 경로로 퍼졌는지 알 수 있었답니다.

다미: 와! 정말 똑똑한 방법이에요. 그럼 선생님의 연구로 콜레라의 전염을 막았을 때 기분이 어떠셨나요?

존 스노우:

> 콜레라의 유행을 막는 일은 매우 힘들고 때로는 위험하기도 했습니다. 하지만 병의 원인을 밝혀내어 많은 사람들을 보호할 수 있어서 정말 뿌듯하고 기뻤습니다. 특히, 우리 사회의 안전을 지켜냈다는 사실에 큰 보람을 느낍니다.

다미: 정말 멋진 이야기예요! 이제 마지막 질문입니다. 역학 조사관이 되고 싶은 어린이들에게 해 주고 싶은 말씀이 있으신가요?

존 스노우: 먼저 용기와 열정을 가지고 열심히 공부하는 어린이들을 응원합니다!

> 역학 조사관은 감염병과 그것이 사람들에게 미치는 영향을 잘 이해하는 것이 중요합니다. 또한, 감염병으로부터 안전한 사회를 만들기 위해 노력하는 마음가짐도 필수입니다. 여러분이 관심을 가지고 공부해서 훌륭한

역학 조사관이 되길 바랍니다. 여러분의 노력이 우리 사회를 더 안전하게 만들 수 있을 것입니다.

다미: 오늘은 존 스노우 선생님을 모시고 콜레라 예방을 위해 노력하셨던 일과 역학 조사관이 되고 싶은 어린이들에게 필요한 점들을 들어보았습니다. 뉴스를 마칩니다. 감사합니다.

뉴스 클로징 음악